大学とオリンピック 1912-2020

歴代代表の出身大学ランキング

小林哲夫
教育ジャーナリスト

704
中公新書ラクレ

はじめに

日本にとってオリンピックの歴史は大学とともにあった。

一九一二年、日本が初めてオリンピックに参加したとき、選手、コーチ、スタッフの多くは大学関係者だった。日本代表の三島弥彦《みしまやひこ》は東京大、金栗四三《かなくりしそう》は東京高等師範学校（筑波大の前身）の学生だった。日本がオリンピックに参加できるよう手はずを整えた嘉納治五郎《かのうじごろう》は東京高等師範学校校長、今でいう大学学長だった。

そもそも日本でのスポーツ事始めには、大学がかなりからんでいる。最初のチーム、最初の試合にはのちに大学となった教育機関の名が並ぶ。サッカーは兵庫県尋常師範学校（神戸大）、ラグビーは慶應義塾大、野球は第一大学区第一番中学（東京大）、ボートでは東京大と体操伝習所（筑波大の前身）の試合など。ウラを返せば、現在のようにプロチームはなく、企業もスポーツに力を入れていなかったからだ。

それはオリンピックでの成績にも示された。陸上競技で日本人初の金メダリスト、織田幹雄（一九二八年アムステルダム大会　三段跳）は早稲田大の学生だった。同大会において水泳で初の金メダリストとなった鶴田義行はその後、明治大に入学して三二年にロサンゼルス大会で連覇している。

こうした大学生の活躍が目立っていたが、それは、オリンピック代表の学歴からもわかる。とんでもなく高いのだ。戦前の高等教育機関（旧制の大学、高校、専門学校）への進学率は一％にも満たない（文部省調べ）。ところが、大学出身（在学生、卒業生）の代表全体における比率は、初の一九一二年ストックホルム大会は一〇〇％、二四年パリ大会は八割以上、三六年ベルリン大会で約七割である。比率が下がったのは、当時、高等教育機関への門戸が事実上、閉ざされていた女子がオリンピックに参加したことによる。

戦後も一九七〇年代まで最低でも代表の約七割以上が大学出身者となっている。まだ、大学進学率（四年制）が二〇％台だったにもかかわらず。それだけ、オリンピック選手は大学が育てたという側面もあるが、オリンピック代表になるような選手は大学に進んだとみたほうがいいだろう。ボート競技では大学入学後に初めてオールを手にしてそれからわずか二年足らずでオリンピック代表になった、というケースがある。もっとも、このような大学の課外活動でのオリンピック代表育成型は当時も少数派であり、今はほとんど見られない。

選手ばかりではない。オリンピックでは大学の施設が活用され、一般の学生が深く関わっている。

昨今、大学ではグローバル化が叫ばれている。語学教育を重視し授業は英語で行われる、海外留学が必須となった、外国人留学生を多く受け入れる、などだ。キャンパスではさまざまな国や地域の学生が行き交うのはあたりまえとなった今日だが、時計の針を半世紀以上前の一九六〇年代に戻すと、ほとんどの大学はグローバル化とはほど遠く、学生はドメスティックな教育環境で学んでいた。

ところが、一九六四年東京大会の時だけは、大学、学生がグローバル化の輝きを放っている。

大学は、外国人選手が練習できるようにグラウンド、プール、体育館などの施設を提供した。ときに日本の学生チームと試合している。

学生もずいぶん活躍した。競技種目別に日本の学生が外国人選手の練習をサポートする。通訳として選手を誘導したり観光客を案内したりした。運転手として外国人選手を試合会場や練習場まで運ぶ、選手村では食堂で食事の用意をしたり宿泊室周辺を警備する、など。六四年東京大会の運営は大学がなければ成り立たなかった。日本の大学のグローバル化の原点となったといってもいい。

大学とオリンピックはこれほどまでに親和性が高い。昨今、大学が学生に二〇二〇年東京オリンピック・パラリンピック競技大会のボランティアになることをすすめている。予定されていた二〇二〇年東京大会において期間中に休講を予定していた大学が少なくなかった。学事暦＝年間の教育スケジュールを変更してまで、オリンピックに備えていた。ボランティア参加者に便宜をはかったといっていい。そこまで大学はオリンピックにおもねる合理性はあるのか、という批判が出るほど、大学はオリンピックをグローバル化教育の一環として捉えていた。

本書では、このような大学とオリンピックの親和性の高さを、日本が初めて参加した一九一二年大会から二〇二〇年東京大会までをふり返りながら、さまざまな観点から描いた。オリンピックを通して見えてきた大学の役割、大学というアカデミズムから考察されるオリンピックの意義について、問題提起として読んでいただければ、これ以上に嬉しいことはない。

大学とオリンピック。
日本では相性が良い、この世界へようこそ。

——本書で紹介するオリンピックは夏季大会に限定している。冬季大会は含まれていない。大学の名称については大会当時のものを用いた。日本が初参加の一九一二年大会から三六年大会と、一九五二年大会以降とは教育制度が大きく異なる。大学にあたる高等教育機関は、第二次世界大戦の前と後を境に変貌を遂げている。たとえば戦前の東京高等師範学校は戦後、東京教育大となり、一九七〇年代には筑波大に引き継がれた。また、校名変更した大学がいくつかある。男女共学化、組織改編、再編統合、設置者変更などによるものだが、たとえば女子レスリング選手を多く送り出した中京女子大は至学館大となった。

そこで、本書においては原則として、大会当時の校名で表記しており、各章の初出で前身校、継承校をカッコで示したところがある。

なお、二〇二〇年大会は二一年に延期されたが、原則として「二〇二〇年大会」と表記した。

目次

第七章

一九六四年東京大会　オリンピック秘話　②裏方学生編

図表作成・本文ＤＴＰ／今井明子

大学とオリンピック 1912-2020

歴代代表の出身大学ランキング

本書は「中央公論」二〇一九年十一月号から二〇二〇年九月号まで連載された「大学とオリンピック」を加筆、修正したものです。

第一章

二〇二〇年東京大会

一年延期を学生はどう受け止めたか

コーチの指導はオンラインで

二〇二〇年三月二十四日、安倍晋三首相（当時）が二〇二〇年東京オリンピック・パラリンピック競技大会の延期を発表した。

すでに代表に内定した選手たちはさまざまな受け止め方をした。この中に大学生が何人かいる。彼らに大会延期を知った時の様子、来年予定される大会への準備について聞いてみた（二〇二〇年六〜七月）。

切磋琢磨。メダルを目指すアスリートとして、この言葉が最も似合うのが、東洋大陸上競技部所属で総合情報学部四年の川野将虎《まさとら》、経済学部四年の池田向希《こうき》であろう。競歩競技で日本代表内定を勝ちとった二人は互いにライバルであり、リスペクトし合う仲間だ。仲が良い。

東洋大の競歩は伝統的に強い。オリンピックにはロンドン大会から今回まで三大会連続で現役学生が代表となっている。川野は先輩たちの偉業に憧れて東洋大に入学した。

「大学四年の時にオリンピックが東京で開催される。東洋大の学生として出場することにこだわりを持っていました。だから、延期は残念でくやしかった。最初はショックもありましたが、酒井瑞穂コーチから『一年延びたことでさらに進化できる』と言われたことで、何ごともポジティブに考え、頑張ろうと気持ちを切り替えました。来年に向けて、しっかり準備をしているところです」

コロナ禍は、練習にも大きな影響を与えた。コーチからの指導は対面ではなく、オンラインを活用して継続的に行われている。

「今は体力、技術、精神面で基礎的なところから鍛えています。土台作りですね」

池田が代表に決まったのは三月十五日である。その九日後、大会延期が発表された。

「代表内定をもらった直後だったので、どう受け止めていいかわからず動揺しました。今年を目標に練習していたので、くやしかったですね。ただ、すぐにコーチから連絡が入って『大会延期の期間で、実力がさらに伸ばせる』と激励されました。一九年の世界選手権は六位で勝ちきれなかったため、自分に足りないところを埋める、弱点を克服するチャンスだと思い、一年後を見据えた準備に取り組んでいます」

体育の授業は座学ばかり

射撃競技で代表に選ばれた平田しおりは、明治大政治経済学部三年だ。

「七月末の大会に向けて残り四カ月、気合を入れ直し、練習に励もうと思っていた時に延期が決まり、出場権や今後の成績がどうなってしまうのかがわからず、これからどうしたらいいのか途方に暮れ、しばらくは抜け殻のようになっていました。でも、すぐに『中止』ではなく『延期』であり、オリンピックがなくなったわけではないと受け止め、来年に向けて自分ができることをやろうと思い直しました」

しかし、どの射撃場も休館が続く。平田は不安を抱きながら、練習で積み上げたものを少しでも維持しようとランニングや筋トレなどに力を入れた。緊急事態宣言の解除で射撃場が使えるようになった。これまで積み重ねてきた技術や体力を落とさないよう、厳しい練習を課している。各姿勢の感覚を確認してバランスをとったり、重心の位置などを意識したり、動作一つひとつの確認に余念がない。

高飛び込み代表の武庫川女子大健康・スポーツ科学部二年、荒井祭里《まつり》は冷静だった。

「おそらく延期になるだろうと思い、心構えはしていました。二〇年大会に向けて楽しみと緊張感で胸がいっぱいでしたが、もう一度、気持ちを入れ直して頑張ることができる、一年あればもっと練習できて技術を磨けると、前向きに考えるようになりました。延期で精神的に大変だったということはなかったです」

しかし、モチベーションを保ち続けるのは難しいようだ。今年は高飛び込みの試合がほとんど行われない。そのため、試合形式の練習を多く行っている。特に力を入れているのは、飛び出しから入水するまでに披露する抱え型など「型」の練習だ。それを陸上で入念にチェックしている。また、体作りに余念がない。

「私はケガが少なく丈夫なほうです。それでも体重が増えたり、筋肉が十分についていなかったりすると、足や手に負担がかかって脱臼する、あるいは骨折する危険性があります。延期になった期間、陸上練習で体をしっかり作っていきたいです」

荒井にとって大学の授業がキャンパスで行われないのはつらい。健康・スポーツ科学部には体育実技がある。しかし、オンライン、オンデマンド授業の毎日なので、体を動かすことはできない。

「実技は気分転換になっていましたが、今、すべてが座学なのできついですね。気分を変えるために自転車で遠出することがあります」

陸上で水中の演技を練習する日々

アーティスティックスイミング代表で井村雅代コーチの指導を受け、代表の座を勝ちとった大学生と大学職員を訪ねた。

法政大スポーツ健康学部四年の柳澤明希《あかね》はこう話す。

「少し動揺がありました。今は個人の技術を磨き上げ、そして演技の完成度を高める時間をいただけたと思っています。井村先生から、『一年後もこの八人でいこう。それが一番強いチームになるはず。私はそう信じている。あなたたちも受けて立ちなさい』という言葉をいただきました。この時、私はオリンピック代表という自覚と覚悟を改めて持ちました」

練習拠点であるプールが使用できなくなり、泳げない日々が続いた。が、陸上で逆立ちして息を止め音楽に合わせて足技を行うなど、練習ではさまざまな工夫を凝らした。

全体練習ができない中、オンライントレーニング、離れているメンバーと練習の動画を共有して、コミュニケーションをとっている。

「技術面で劣っていること、注意されたことをノートに書きとめ、吸収し、地道に練習を積んでいます。長身の外国人選手に負けない体を作るため、筋力トレーニングはもちろん、痩せやすいタイプの私は合宿中、一日五五〇〇キロカロリー以上の食事を摂っています」

近畿大職員の福村寿華《じゅか》は大会延期の報を受け取った時、チームメートと一緒だった。

「東京大会に向けて突っ走り続けていたので、この気持ちをどうすればいいのかと、思い悩みました。井村先生から『延期になったけれど、どうしたいか』と聞かれ、私は『オリンピックに出てメダルを獲りたいからこのまま続けたい』と答えました。もし延期の発表の時に一人だったら、こんなにすぐに切り替えて、続けて頑張ろうとは思えなかったでしょう」

コロナ禍の影響で約一カ月半、チームに必要な水深と広さのあるプール環境が整わず、満足のいく練習ができなかったが、福村は延期を前向きに捉えている。

「自分自身についても今まで見えていなかったものが見え、競技と向き合う時間を作ることができ、新たな技術に挑戦しています。延期でオリンピックまでの時間が与えられました。それが良い方向にも、または悪い方向に進むのも、何も変わらないのも、すべて自分の時間の使い方次第です。試合で一番素晴らしい演技ができるように一日一日を大切にすごすと同時に、自分を支えてくださる方々に感謝しています」

大会前に卒業するボランティア学生

大会延期で衝撃を受けたのは代表内定選手ばかりではない。ボランティアとして大会に関わろうとしていた大学生も残念がった。

明治学院大には大会をサポートする「MGオリンピック・パラリンピックプロジェクト実行委員会」が設置されている。同委員会の前代表で法学部四年の前川拳史朗、同委員会のボランティアプロジェクトの前リーダーで経済学部三年の松永美樹に話を聞いた。

前川は落胆を隠さなかった。

「とてもショックで目指していたモノがすべて崩れていった感覚でした。なぜなら、私は大学でしかできないことや四年間しっかり打ち込めることがしたいと思って、一年生から大会開催に向けて取り組んできたからです。そして、今年、最後までやり切れると思っていたので、すごく楽しみにしていました。ただ、世界的に大変な状況になっており、これだけはどうしようもないので、仕方ないのかなと割り切っています」

松永も平静ではいられなかった。

「とても戸惑いました。しかし、メンバーの間でやりたいと思っていながら時間の問題で実現が難しかったことなどを、延期したこの一年でできるとポジティブに考えています。新型コロナウイルスの影響でできることが限られますが、その中で最善を尽くしたいと思います」

大会期間中は直接的に関わるボランティアだけでなく、ゴミ拾いや海岸清掃などの地域に寄り添ったボランティア活動も行う予定だった。

上智大外国語学部四年の神野帆夏と同大大学院理工学研究科修士課程二年の山本華菜子は、学内でソフィア　オリンピック・パラリンピック学生プロジェクト「Go Beyond」を立ち上げた。二人は二〇一八年冬季パラリンピック平昌《ピョンチャン》大会に大学から調査団として派遣されており、この経験を活かして、東京大会でさまざまな形で活動する予定だった。

神野はこう受け止めている。

「四年間の集大成になると思っていたので残念ですが、今の状況では仕方ないと思いました。一人だけで準備していたら、かなり落ち込んだでしょう。でも、大会はゴールではなく、それをきっかけとした共生社会の実現に向けて活動していました。その活動のために延期になった一年分、新しいことに取り組もうと思い、すぐに立ち直ることができました。来年、大学は卒業しますが、これまでの活動経験を大会に活かしたいという想いがあるので、ボランティアや何かしらの形で関わりたいです。また、二四年パリ大会組織委員会の職員として大会運営に関わっていきたいので、そのために何が必要かを考えています」

山本は驚いたが、すぐに前を向いた。

「想定外の出来事であり、はじめはびっくりしました。が、学生としてオリンピック・パラリンピック開催期間に関わることができないという風に悲しんだわけではなく、一年延期の猶予をいただいた分、もっとオリンピック・パラリンピックに関わりたいと思う同じ志を持つ仲間を増やすために全力を尽くしたいと考えています。

延期で困難な状況になったからこそ、日本だけでなく全世界が一つに集まり思いをはせることができる空間が来年東京に出現することは、そこから共生社会実現のために再度新たなスタートを切る人たちが大勢生まれることにつながると思っています。来年、就職してもオリンピック・パラリンピックに関わるつもりです」

神田外語大も全学をあげて大会をサポートしており、学生がオリンピック・パラリンピックに関わることをすすめていた。外国語学部四年の今村佳音が話す。

「とても悲しかったです。でも、それ以上に、今年開催してもだれが喜ぶのか、と思いました。延期は妥当な判断、あたりまえのことでしょう。なぜ、ギリギリまで渋っていたのかなあと疑問に感じたぐらいです」

今村は二〇一八年の冬季オリンピック平昌大会でボランティアの経験がある。当時をこうふり返る。

「オリンピックによって世界が一つになり、平和の礎となる大会だと思いました。来年卒業して就職する予定です。就職先が参加していいと言ってくださるならば、ぜひ、オリンピックに関わっていきたい」

同大外国語学部三年の津田圭吾は四月半ばに、メキシコでの留学を途中で切り上げ帰国した。

津田は都市ボランティアとしてアテンドなどをまかされる予定だった。観光客の案内である。メインは英語だが、得意のスペイン語を活かす予定だった。

「残念ですが、仕方がないと思いました。困っている人を見たら自分から積極的に声をかけて助けてあげたくて、ボランティアをやりたいと思っていました。大会で多くの人の役に立てれば嬉しい。来年に向けて準備しています。大学の理念でもありますが『言葉は世界をつなぐ平和の礎』ですから」

反対論にどう向き合うか

　オリンピック代表内定選手も大会ボランティアも、今どきの学生である。延期の一報を受けても、あとにひきずらない。すぐに先を考えて前向きに次の課題に取り組もうとする。二〇二〇年東京大会の実施を信じて疑わない。

一方でこれから代表を目指す選手はこんな不安を口にしていた。

「大会反対の論調が強まっているように感じます。国民は私たちを応援してくれるでしょうか。選手にはなんの罪もないのに」

都知事選ではオリンピック開催反対を掲げる候補者もいた。今年、ボランティア参加を予定していた、立教大の学生がこう話していた。

「オリンピックは中止すべき。その分のお金でコロナ禍で困窮した人たちを援助してほしい。オリンピックで勇気をもらったなんて、生活苦にあえぐ人からすればきれいごとです。こういう意見を実名で話せない社会も怖い」

神田外語大の津田はこう話す。

「国はこの大会に大金を注ぎました。しかし、オリンピックはオリンピアの時代から平和の象徴として行われ、現在では全世界が国籍に関係なく肩を組み団結する平和の祭典です。日本での開催は非常に貴重な機会であり、ボランティアとして何事も挑戦してみなければ新しい発見はありません」

上智大「Go Beyond」の神野、山本は次のように話す。

「反対側の人たちは、『大会を開催する意義や、それによって世の中を共生社会に向け変化させる可能性』を理解しているのか。賛成側の人たちは『反対側の人たちが何を不安視して何を恐れて実施しないことを望んでいるのか』を知っているのか。――これらについて考えなければならないと思います」

賛成派と反対派が共生、共に生きるということも、オリンピックの精神ではある。

第二章

一九一二年大会〜三六年大会

文武両道 戦前の学歴エリートたち

日本のオリンピックの歴史をふり返ると、大学抜きには考えられない。

二〇二〇年東京大会では三三競技、三三九種目で日本代表が選ばれ、その数は五〇〇人を超すものとみられている。二〇〇八年北京大会の三三九人、二〇一六年リオデジャネイロ大会の三三八人を大きく上回る、史上空前の大規模選手団となる予定だ。競技種目増加と地元開催枠によるものだ。

それでは、日本が初めてオリンピックに参加したときの様子はどうだったのだろうか。百年以上前の話から始めよう。

一九〇九（明治四十二）年、国際オリンピック委員会（ＩＯＣ）の委員に、東京高等師範学校（現・筑波大）校長、嘉納治五郎が就任した。ＩＯＣにすれば、このときまで開催した近代オリンピック（一八九六年第一回アテネ大会～一九〇八年第四回ロンドン大会）にアジアからの参加者がいない、ぜひ、日本からも代表を送ってほしい、という思いを託してのことだった。

嘉納はその趣旨に賛同し、一九一二年の第五回ストックホルム大会に初めての日本代表として二人の学生を送った。東京高等師範学校の金栗四三、東京帝国大学の三島弥彦である。

東京高等師範学校校長、今でいう大学学長が、日本国内でオリンピック参加への気運を高めた。そして、代表選手は大学（旧制の大学、専門学校）に通う学生が主力となっている。一九一六年ベルリン大会は中止となり、次の二〇年アントワープ大会では一五人の代表のうち一〇人が学生だった（大学九、旧制中学一、以下数字は人数）。二四年パリ大会は一九人のうち一三人（全員が大学）、二八年アムステルダム大会では四三人中二九人（大学二七、旧制中学二）が学生である。

一九三二年ロサンゼルス大会、三六年ベルリン大会も主役は学生だった。

戦前、代表の育成、輩出という点で、大学とオリンピックとの親和性はきわめて高い。それは当時、オリンピックの精神として貫かれたアマチュアリズムとおおいに関わってくる。近代オリンピックの創始者、ピエール・ド・クーベルタンによる「スポーツによる金銭的な報酬を受けるべきではない」という考え方が徹底され、お金のために競技する者、スポーツを職業とする者、肉体労働で鍛えられて秀でた能力を使う者は排除された。日本でも同じである。

一九一二年ストックホルム大会代表を決めるオリンピック予選会出場者について、嘉納治五郎は「学生たり紳士たるに恥じない者」を求めている。

オリンピックの歴史に詳しい筑波大教授の真田久はこう解説する。

「たとえば車夫は代表になれなかった。職業として走っている人たちは肉体で金を稼ぐプロであり素人ではないという考え方です。スポーツ指導者も本人が陸上や水泳などを専門とする人はその競技には出られなかったが、それ以外の競技ならば認められていた。一方、軍人は代表になれました」

もっとも、当時、国内にはプロスポーツは存在しない。企業のなかで社会人、実業団チームとして活躍する選手はほとんどいなかった。となれば、オリンピック代表は消去法で大学生に限られてしまう。

ところが、大学を所管する文部省はオリンピックに対して前向きではなかった。いや、それどころか、やっかいな催しもの扱いしていたフシがあり、金栗四三が在学していた東京高等師範学校に抗議したという話が伝わっている。金栗は一九一二年ストックホルム大会出場から約七十年後にこうふり返っている。

「確かに学校あてに、参加することまかりならぬ、とお達しが来ていた。あとで知ったんだが、遠征中は休学届が出ていた。学生の分際でスポーツなんか、という時代だった」(『朝日新聞』一九八〇年二月七日)

オリンピックの意義、いや、その存在すら認知されなかった時代、学生がスポーツ競技に力を入れること、海外で世界の人たちと戦うことなどイメージがわかなかったのだろう。ストックホルム大会の前年、旧制第一高等学校校長の新渡戸稲造は「プロ野球害悪論」としてこう記している。「野球という遊戯は悪くいえば巾着切りの遊戯、対手を常にペテンに掛けよう、計略に陥れよう、ベースを盗もうなどと眼を四方八方に配り神経を鋭くしてやる遊びである。……」（『朝日新聞』一九一一年八月二十九日）

これについて読売新聞、東京日日新聞（毎日新聞の前身）が擁護論を展開している。もちろん、野球と陸上競技では性格はまったく異なる。だが、学生がスポーツに全身全霊をこめて取り組みやすい環境とはいえなかったことが容易に想像できる。

それから百年後のことである。

二〇一六年、文部科学省とスポーツ庁は二〇二〇年東京大会に備えて、全国の大学に次のような通知を出している。

「オリンピック・パラリンピック競技大会等に選手又は指導者として参加を認められた学生が、十分な授業時間・学修時間を確保しつつ、これらに参加することができるよう、各大学等において、必要に応じ、補講・追試の実施やレポートの活用による学修評価などを行うな

ど、適切な配慮を講じること」(二〇一六年四月二十一日)

一世紀以上経てば、国の方針も一八〇度変わるのは不思議ではない。だが、オリンピック出場許可を飛び越えて、代表選手は特別扱いとも受け止められる「適切な配慮」が必要なのかは、疑問である。

話を日本のオリンピック参加草創期のころに戻そう。

日本歯科大から陸上代表を選出

では、代表にはどの大学の出身者、在学生が多かったのだろうか。

一九二四年のパリ大会までは、東京高等師範学校が最も多い。同校については、嘉納治五郎のお膝元という理由も大きいが、同校の教育内容、カリキュラムにもその要因を見ることができる。前出の真田が説明する。

「体育が必修だった。部活動も全員参加を原則としており、体を鍛える機会が多く、優れた選手が育ったからと言えます。日本がオリンピックに参加し始めたころ、代表に官立出身が多く私立が少なかった。私立大学からは、『私立からもっと多くの代表を入れるべき』という要望があったほどです」

ここで、大会ごとに大学（出身・在学）と学生の特徴を見てみよう。

一九二〇年アントワープ大会。

陸上長距離の蓮見三郎は、日本歯科医学専門学校（一九四九年の学制改革で日本歯科大と改称）の学生で、八〇〇〇メートル、一五〇〇〇メートルの日本新記録を作り、国内で敵なしだった。日本歯科大にすれば今日まで唯一のオリンピック代表選手である。同大学は今でもこの偉大な先輩を忘れずに、大学史に刻んでおり、「個性あふれる人材を輩出する本学の自由で豊かな風土」が生んだ偉大な先輩をこう記している。

「箱根駅伝で3年連続区間新を打ち立てた難波博夫、第7回アントワープ五輪に出場した蓮見三郎、FIFAからサッカーの審判特別功労賞を日本人で初めて受けた福島玄一、（略）など、これまで多くの逸材を輩出してきました」（大学ウェブサイト）

テニスのシングルス、ダブルスで、慶應義塾大出身の熊谷一弥は銀メダルを獲得しており、彼らが日本人メダリスト第一号となった。なお、ダブルスの相棒は東京高等商業学校（現・一橋大）出身の柏尾誠一郎。熊谷は三菱合資会社銀行部（現・三菱UFJ銀行）、柏尾は三井物産に勤めていた。数少ない社会人は、大学時代に名選手として名を馳せており、卒業後、エリートの道を進んでいる。

陸上短距離の明治大、加賀一郎は野球部から転向して、「カガイチ」の愛称で親しまれていた。スタンディングスタートからクラウチングスタートに定着させたのが加賀の功績と言われている。

一九二〇年アントワープ大会が終わってから二四年パリ大会に向けて、オリンピック代表の候補となる選手は、相変わらず大学生が多かった。ところが、彼らのなかには、オリンピック代表の選考が公正に行われていないと受け止めている選手がいた。早稲田大、慶應大、明治大の陸上競技の選手たちである。

これら三大学の選手は、代表を選考していた大日本体育協会（大日体協。戦後、日本体育協会となり、二〇一八年日本スポーツ協会に改称）に次のような趣旨の抗議文を提出している。一九二〇年大会の日本の対応についての6項目である。①代表一行に官学関係者が多い、②早稲田大の縄田尚門が代表から漏れた、③アマチュア資格に抵触する恐れがある中央大の選手を決定した、④見学者三人は多すぎる。うち二人が東京高等師範学校出身だった、⑤見学者の全国学生競技連合幹事は大日体協にことあるごとに異議を唱えていた。だが見学者に推薦された。これはスポーツマンシップに反する、⑥この見学者を決定した大日体協は、不純な政策を掲げている。

一九二〇年、パリ大会をひかえて、中央大、東京農業大、東京農業大実科、法政大がこの抗議を支持し、合わせて七校が大日体協に反旗を翻した。さらに抗議運動に賛同する大学、学校が増えていく。拓殖大、東京慈恵会医科大、日本医科大、日本歯科大、横浜工業高等専門学校（のちに横浜国立大工学部へ継承）、立教大が加わった。これで十三校となり、大きな運動体となった。さっそく十三校は強硬手段をとった。内務省主催の明治神宮競技大会を大日体協の役員が関係することを理由にボイコットしてしまう。これに対して、東京帝国大、東京高等師範学校、第一高等学校、青山学院、学習院、水戸高等学校、浦和高等学校の七校は同大会に参加を表明したのだが、「畏《かしこ》くも、明治大帝の奉納競技会」というのが理由だった。

オリンピック代表問題に端を発した、大日体協の組織改革を求める運動は、「十三校問題」としてメディアで多く取り上げられ。その論調は大日体協に対して「東京における単なる個人の集まり」など批判的なものが多かった。全国の大学関係者、各競技種目の選手の多くは、十三校側に立ち、「旧い殻を墨守する官立大学ＯＢへのレジスタンス」と支持する。大日体協はこうした批判に耐えられず、組織や運営方針を大きく変えざるを得なかった。

スポーツ社会学者の森川貞夫（日本体育大教授）は、十三校問題の本質について次のように記している。

「それは、特定の人々によるスポーツの独占から一定の普及を前提とするという意味において、『大衆化』の契機をふくむものであった。（略）

このような『組織改造』運動の推進力は、スポーツ界において当時の早稲田、慶応、明治を中心とする私学の台頭がいちじるしく、また、新興勢力であるために先輩団に頭を押さえられることなく、学生スポーツマン自身の実質的発言力が大きかったことである」（『スポーツ社会学』青木書店　一九八〇年）

大日体協の組織改革が功を奏したとみるべきか、日本代表の出身（在籍校）の顔ぶれは、一九二〇年アントワープ大会まで官立中心だったのが、二四年パリ大会では初めて早稲田大、中央大、立教大、関西学院大が登場する。二八年アムステルダム大会では早稲田大、明治大、慶應大など私学が優勢となり、オリンピック日本代表の草創期を築いた東京高等師範学校、東京帝国大の勢いはなくなった。私立大学のほうがずっと学生定員は多く、当時からスポーツ万能な選手を受け入れやすい環境を作っていたからだ。アスリート養成が民間に委ねられる出発点といえようか。

一九二四年パリ大会。

陸上では東京帝国大出身で外務省入省三年目の岡崎勝男が活躍した。岡崎はカルカッタ総領事、調査局長などを経て、一九四五年九月、重光葵《しげみつまもる》外相とともに戦艦ミズーリ号上での降伏文書調印式に参加している。

岡崎は戦後、外務省事務次官を務めたが、このとき外務省事務官の杉原千畝《すぎはらちうね》に退職勧奨を行っており、のちに注目された。一九四九年から衆議院議員となり、第三次吉田茂改造内閣では官房長官を務めた。きわめてアメリカ寄りの政策をとり、「アメリカのビキニ環礁の水爆実験を協力したい」と発言して批判される。一九五五年の総選挙で落選し、その後、国連大使に任命されている（一九六一年～六三年）

夏季オリンピック代表の国会議員は、阪上安太郎（一九三二年大会、三六年大会、水球）、小野清子（六〇年大会、体操）、釜本邦茂（六四年大会、六八年大会、サッカー）、麻生太郎（七六年大会、クレー射撃）、馳浩（八四年大会、レスリング）、谷亮子（九二～二〇〇八年大会まで五回、柔道）、朝日健太郎（〇八年大会、一二年大会、ビーチバレー）がいる。麻生太郎が外務大臣、総理大臣を務めるまで、岡崎がオリンピック経験者のなかで政界のキーパースンを果たしていた。

水泳では立教大の学生斎藤巍洋《さいとうたかひろ》が出場している。斎藤が入学時、大学は水泳部を公認しておらず、バスケットボール部の選手として水泳大会に出場していた。

このころ、早稲田大はオリンピック代表の育成に力を入れようとしていた。学内からスポーツ強化を求める声が上がっている。

「国際的競技として開催せらるる『オリンピック』に一選手の出場をも見る能はざるは勿論、毎春秋都下に於ける各専門学校徒歩競走に於ても、常に他校をして其名を成さしむ。是れ強《あなが》ち吾が大学に選手なきに因るにあらずして、其機関なきの致す所……。」(『早稲田学報』第二四五号 一九一五年七月)

これを機に競走部が誕生し、また、水泳部など他の部も選手の強化が進み、以後、戦前において早稲田大はオリンピック代表数で他校を寄せ付けなかった。各競技で身体能力が優れた学生を集めたからである。

「井の中の蛙、大海を知らず」

一九二八年アムステルダム大会において、早稲田大は一五人の代表を送り出した。陸上で織田幹雄が金メダル、南部忠平が四位、水泳では高石勝男らがリレーで銀メダルを獲得している。織田は広島一中時代、二四年パリ大会に出場しており、その後、奨学金を得て第一早稲田高等学院（現・早稲田大学高等学院）、早稲田大に進んだ。

織田幹雄は金メダルを獲得した様子を自著でこうふり返っている。

「その瞬間勝ったという喜びは、これでよかったという気持に圧せられてしばし茫然となった。審判役員の祝いの握手、写真班に取りまかれての撮影も、ただぼんやりと受け流した。間もなくマイクを通じて優勝のアナウンスがあり、オリンピック・ヴィクトリー・セレモニーが始まった。国歌君ガ代がどうまちがったのかさざれ石から始まりあっけなく済んだが、メーンマスト高く大日章旗がするすると上るのを見ているうちに、知らず知らず涙はとめどなく頰をつたっていた」（『オリンピック物語』朝日新聞社　一九五二年）

織田幹雄。早稲田大学競争部で活躍。アムステルダム五輪で金メダルを獲得した。1929年10月8日（写真提供：共同通信社）

同大会で日本から初めて漕艇（ボート）選手を送り出した。代表選手はすべて大学生である。日本漕艇協会が加盟する大学から三人ずつ推薦してもらい、その中から選定する。その結果、漕艇（舵手付きフォア）には東京大二人、日本大一人、明治大一人、早稲田大一人の五人に加え、補欠として東京高等工業学校（現・東京工業大）一人、東京高等師範学校（筑波大の前身）一人の二人が選ばれている。東京高等工業学校からの代表は菅原兵衛で、戦後、東京工業大に引き継がれてからも含めて、同校からのオリンピック代表は彼一人しかいない。

大会では決勝には残れなかった。ボート代表の主将を務めた明治大の能勢一男は「井の中の蛙、大海を知らず」と評して、こうふり返っている。

「……フォア、スカルともに完敗して、役員も選手も暗然として、一言も発するものもなかった。ローマは一日にしてならず、日本のボートの前途には、なお踏み越えねばならない、多くの難関があることを痛感させられた」（宮田勝善『ボート百年』時事通信社　一九七六年）

初めて見る外国人選手の技に仰天

一九三二年ロサンゼルス大会。

慶應大から一八人の代表が選ばれている。このうち七人は漕艇（舵手付きフォア）である。

漕艇の代表は、日本漕艇協会が行う選考大会で決まった。優勝した大学のチーム（「エイト」＝漕手八人、「舵手付きフォア」＝漕手四人）がそのままオリンピック代表となる。複数の大学から精鋭を集めた混成チームではない。端艇部（慶應のボート部の名称）の一人、高橋六郎はオリンピックでの試合をこうふり返っている。

「見事に負けて帰ってきました。

前半500mまではどうやら水も開けられずついていくんだが、それからがもう体がしびれちゃうしどうしょうもないんだな、それでやはりラストはだんだん離れていって結局4艇身差で負けた。（略）外国クルーとやったこともないし、顔会わしたこともないし、やっぱり緊張しすぎたんだな」（『百年のあゆみ』慶應義塾體育會端艇部　一九八九年）

同大会では、体操で初めて選手団を送っている。東京文理科大、早稲田大、日本体育会体操学校などの学生だけで構成されていたが、参加五カ国中最下位で、四位との得点は大きく引き離されての惨敗だった。体操の世界がまるで違ったからだった。

たとえば、あん馬で日本代表は時計の振り子のように足をふるだけなのに、他国の選手は腰を曲げて両足をぐるぐる旋回している。日本代表は初めて見る技に仰天し、現地で見よう見まねでこれに取り組んだ。しかし、付け焼き刃である。うまくいくはずがない。当時の様子がこう記されている。

「どの選手も見ていられないようなひどい演技である。一回まわっては、しりもちをつき、また一回まわっては腰をつくという目をおおう惨状だ。（略）日本選手があまりしりもちをつくので、観衆が腹をかかえてゲラゲラ笑い出すありさまだった」（『体操日本栄光の物語』日本体操協会　一九七二年）

これが、日本のお家芸と言われた体操競技の黎明《れいめい》期である。なお、日本体育会体操学校はのちに日本体育大となり、日本女子体育専門学校（現・日本女子体育大）とともに、この大会で体育大学が初めてオリンピックに登場している。

また、法政大、専修大、関西大、同志社大から初めて代表が選ばれ、関西大の大島鎌吉は三段跳で銅メダルを獲得した。ボクシングで明治薬学専門学校（現・明治薬科大）出身の村上清信が代表となっている。

ところで、この大会でオリンピック史上最年少の金メダリストが生まれた。しかも日本人である。水泳の北村久寿雄で十四歳十カ月だった。のちに第三高等学校、東京帝国大に進み、大学卒業後は労働省の官僚になった。大学時代は水泳と縁がなくなっている。金メダリストが東京大に入学したケースは今日まで北村しかいない。

ベルリン大会と戦争の足音

一九三六年ベルリン大会で、早稲田大が四七人の大選手団を送り込んだ。陸上、水泳、漕艇、レスリング、ホッケーが「大票田」となっている。同年六月、大隈記念講堂で壮行会が盛大に行われ、その案内状には「前回同様全派遣人員の三分の一を占め、日本オリンピック選手の中核をなすものであって、依然運動王国の地盤は微動だにしない」と自信たっぷりに記されている。

同大会で日本は金九、銀四、銅一〇のメダルを獲得した。

早稲田大政治経済学部の阪上安太郎は水球代表として活躍した。一九三二年大会に続いて二度目の出場である。このときは第二早稲田高等学院（現・早稲田大学高等学院）の生徒だった。阪上は政治の世界に進む。高槻市長を経て、一九五八年から日本社会党所属の衆議院議員となった。七二年まで五期務めたのち引退している。

陸上三段跳の田島直人は京都帝国大の在学中に出場した前回大会に引き続き、二度目のオリンピック出場となり金メダルを獲得した。このとき、同じ三段跳で銀メダルを取った原田正夫も京都帝国大出身である。田島は、「走幅跳が専門で三段跳は余技」という趣旨の話をよくしており、走幅跳で銅メダルを取ったとき、「こちらのほうが嬉しかった」とこぼしていた。田島は、のちに陸上の女子リレー代表だった土倉麻（京都府立第一高等女学校在学）と結婚する。日本初のオリンピック代表選手同士の結婚となり、注目された。

マラソンの孫《ソン》基《ギ》禎《ジョン》は、日本統治時代の朝鮮出身で、養正高等普通学校在学中に金メダルを獲得した。その翌年、明治大に進んだが、「朝鮮における優勝報道で、日章旗が消しさられたため、彼は要注意人物とされてしまった。このため明大競走部は彼の入部を承認せず、このことはスポーツ明治に影をさすこととなった」（『明治大学百年史　第四巻』一九九四年）。

孫はベルリン滞在中、「ＫＯＲＥＡ」とサインするなど民族意識が強く、帰国後、特別高等警察から厳しく監視されてしまう。明治大がそれを忖度《そんたく》したのだろう。公式の大学史で「影をさす」と表記したのは、大学が民族差別に加担したことへの反省とも読みとれる。大学の一つの史観と見ると興味深い。

ベルリン大会代表の大学出身別ランキング二位に東京帝国大一七人がつけている。競技の内訳は漕艇（エイト）一一人、サッカー三人、バスケットボール三人などでほとんどが在学中だった。サッカーの高橋豊二は高橋是清の孫であり、のちに海軍の航空予備学生になったが、一九四〇年、訓練中に事故で死亡している。

このとき漕艇（エイト）代表となった東京帝国大漕艇部は、ベルリン行きのために深刻な資金不足に陥った。そこで、「派遣応援資金」をOBに募っている。「この際本学関係者の同情と理解のもとに広く募金し、もって選手をして後顧の憂いなく覇権に邁進せしめんと欲するのである。本学の名誉のためまた日本漕艇界のため、切に大方の御賛助を希う次第である」（『帝国大学新聞』一九三六年一月二十日）

ベルリン大会のマラソンでトップを切ってゴールインする孫基禎。1936年（写真提供：読売新聞社）

また、東京商科大（一橋大）から七人が選ばれている。彼らはすべてホッケー選手だ。大学の同窓会誌にコーチ兼選手の宇佐美敏夫が自信満々にこう記している。「今度のチームで重要な選手はほとんど商大の者なので、商大が引しまつてリードすれば立派な成績が上がると思ふ」（『如水会会報』一九三六年十一月）

この大会の初出場校は九州帝国大、立命館大だった。

立命館大の学生、市原正雄がオリンピック代表選考前にこう決意を述べている。

「若し幸いにして選抜されたならば、僕も立命男子の一人であるから、心の底に沸きたぎる禁衛隊精神を高揚して帝国スポーツのため、本学の名誉のためにこの一命を打つつ《ママ》ける元気を以て大いにやるつもりです」(『立命館学誌』一九三六年五月号)

禁衛隊とは、満州国皇帝の身辺警護を担当する近衛兵組織であり、植民地政策が色濃く反映されている。

伝説のオリンピック代表が中京大に集う

一九三六年ベルリン大会以前に日本代表として活躍した選手が、戦後、大学で指導者になったケースは少なくない。

一九五六年開学の中京大は当初、商学部一学部だけだったが、五九年に体育学部を設置している。同大学の設立者、梅村清光が建学の精神として「学術とスポーツの真剣味の殿堂たれ」を掲げたこともあって、スポーツ選手養成に力を入れていた。体育学部の指導者には、一九三二年ロサンゼルス大会の陸上代表、渡辺すみ子がいた。競技成績は一〇〇メートルで準決勝敗退、四×一〇〇メートルリレーでは五位入賞となっている。

大会当時、渡辺は名古屋高等女学校（現在、名古屋市立菊里高校）の生徒で、わずか十五歳と二百六十一日だった（閉会式時点）。オリンピックの陸上競技日本代表として最年少であり、二〇二〇年現在も破られていない。

一九三五年、渡辺は梅村清明と結婚する。梅村すみ子になった彼女は戦後、中京大商学部を卒業し、同大学が運営する梅村学園園長代理を務めていた。梅村清明がシベリア抑留中だったためである。その後、梅村すみ子は中京大体育学部教授、同大学女子陸上競技部監督を務め、一九六四年東京大会では女子チーム強化コーチを担当した。彼女の指導法について、同僚の教授、陳全壽《チンゼンジュ》はこう話している。

「あの先生が早く走るためにはどうすればいいということを、理論じゃなくて実際に走って、足の振り方、重心をどうやって移動するか、蹴り方のタイミングとか、選手たちに示しておられたのです。それを見て僕は実験で覚えたことよりも、これだっていうのが分ったんですよ。当然のことですが、理論と実践の両方が必要なんだと。すごくはっきりと。すみ子先生は結構なお年を召しておられたが、しょっちゅう、陸上競技場でみんなに教えておられまし

たね」(梅村学園ウェブサイト)

陳は一九六八年メキシコシティー大会で中華民国代表として出場している。種目は一〇〇メートルと十種競技だが、当時、東京教育大陸上競技部在籍中だった。

一九五九年、オリンピックで活躍した伝説的なアスリートが中京大教授として就任した。二〇年アントワープ大会に出場した斎藤兼吉である。伝説と言われるのは、斎藤が水泳と陸上五種競技の両方で代表に選ばれたからだ。五種競技とは走幅跳、円盤投、二〇〇メートル走、一五〇〇メートル走、やり投の総合点を競う(一二年、二〇年、二四年の大会で採用された種目)。斎藤は日本国内で行われた水泳、やり投、円盤投の大会で何度か優勝経験があった。二刀流どころか、五刀流、六刀流である、驚異的な身体能力の持ち主で「超人」としかいいようがない。

しかし、残念なことに一九二〇年大会では、ベルギー・アントワープまでの長旅で疲労がとれず、五種競技は棄権することになった。

斎藤は東京高等師範学校出身。陣にとっては東京教育大の大先輩にあたる。斎藤は、新潟大、金沢大で教えたのち、梅村清明の熱心な誘いを受けて中京大に赴任するが、その一年後、病気で亡くなる。享年六十五だった。

なお、オリンピック代表で陸上、水泳の両方で代表になった者は斎藤以外にだれもいない。

人見絹枝と前畑秀子の出身校は戦後、女子大創設

戦前のオリンピック代表で、現在の大学に相当する高等教育機関からの女子代表はいない。女子高等師範学校、東北帝国大学に女子学生が通っていたが、オリンピックとは縁がなかった。戦後、誕生した女子大学には戦前に女子の専門学校、女子専門塾を起源とするところがいくつもある。こうした学校から女子代表が誕生している。当時、大学ではなかったが、現在の大学の前身ということで拡大解釈すれば、オリンピックで女子学生が活躍した記録を見ることができる。そのなかで全国的に有名となり、今や日本史の教科書にも掲載されるような人物が、人見絹枝と前畑秀子である。

人見絹枝は日本女子体育大の前身、二階堂体操塾の第三期生にあたる。一九二八年アムステルダム大会に陸上選手として出場した。この大会で日本は初めて女性代表を送り、人見はその期待に応えて銀メダルを獲得する。女性初のオリンピック代表、女性初のメダリストと「初」がついてまわるパイオニアとなった。

二階堂体操塾は、一九二六年に日本女子体育専門学校に昇格した。戦後、四年制大学ではなく一九五〇年日本女子体育短期大としてスタートし、一九六五年に待望の日本女子体育大が開学した。同大学にとって人見は偉大なOGであり、こう紹介されている。

「『太ももを露にして女が走る』と罵られた時代に、偏見と戦いながら、日本女性の存在を世界に示した最初の女性であり、我が国初の女性スポーツ記者でもありました」(同大学ウェブサイト)

前畑秀子は水泳代表として三二年ロサンゼルス大会で銀メダル、三六年ベルリン大会で金メダルを獲得している。前畑は高等小学校時代、水泳で抜群の成績を残し、それを伝え聞いた椙山《すぎやま》女学園創設者の椙山正式《まさかず》が前畑に椙山第二高等女学校への編入学をすすめている。

椙山女学園大の運営する学校法人、椙山女学園の「平成三〇年度事業計画」にはこんな記述がある。

「椙山女学園の教育理念『人間になろう』については、前理事長(現学園長)椙山正弘が、『ひとを大切にできる』『ひとと支えあえる』『自らがんばれる』人間になることであると述べている。(略)『自らがんばれる人間』とは、自らが自主的・主体的に『なろう』とする決意表明をする人間をいう。本学園は『前畑がんばれ』の声援にこたえてがんばり、世界一を

達成した前畑秀子の偉業を伝統に持つ学園である」（同大学ウェブサイト）
相山女学園中学校、高校では、前畑秀子をＮＨＫの朝ドラ（連続テレビ小説）のテーマとして「誘致」する署名を行ったことがある。

第三章

一九四〇年

「幻の東京五輪」の学徒動員

茗荷谷にキーマンが集う

東京メトロ・丸ノ内線茗荷谷《みょうがだに》駅をはさんで西側に拓殖大、東側に筑波大東京キャンパスがある。一九四〇年第一二回オリンピック東京大会開催に向けて、この二校と縁がある人たちが動いていた。拓殖大学学長の永田秀次郎、筑波大の起源・東京高等師範学校（東京高師）元校長の嘉納治五郎だ（当時、丸ノ内線は未開業）。

永田秀次郎は一九二三（大正十二）年、東京市長に就任する。その後、一度は市長の職を離れるが、三〇（昭和五）年、再び市長となった。この間、二九年拓殖大学学長に就任し、四三年に亡くなるまで務め、大学トップと首長という二足のわらじを履いていた。

永田が紀元二千六百年を迎える一九四〇年に、東京で大きなイベントができないものかと考えていたとき、東京市職員がオリンピック開催というアイデアを示した。永田は「これだ」と思った。一方、彼が最初の市長就任の年に関東大震災が起こり、復興の象徴が必要とも考えていた。

現・拓殖大理事長の福田勝幸がこう記している。

「永田は関東大震災の被災時に援助してくれた諸国に復興した東京の姿を見せるべく奔走しました」（拓殖大学学報『TACT』二〇一五年八・九月号）

このあたり、二〇二〇年東京オリンピック・パラリンピック招致の考え方に通じるものがある。

一九四〇年東京大会の招致活動や準備には、東京高師がある茗荷谷を中心に半径五キロメートル以内の大学が大きく関わることになる。永田は嘉納に相談を持ちかけ、茗荷谷界隈で大会招致の算段を話し合ったとされている。

茗荷谷から西へ約三キロの高田馬場に早稲田大がある。

二八年アムステルダム大会、三二年ロサンゼルス大会、三六年ベルリン大会で最も多くの学生を送り出していた。その中心人物が山本忠興だ。早稲田大競走部長、二八年アムステルダム大会日本選手団長を務めた。山本は海外でオリンピックを体験したことによって、東京での開催も夢ではないと考えるようになった。

三〇年、永田が山本にオリンピック招致で協力を求めている、次のような記録が残されている。

「東京市長永田秀次郎は、（略）我が東京市に開催したき意向なることを伝へ、オリンピック大会招致に関し欧洲スポーツ界の情況如何を調査せられ度旨《たきむね》を依頼した。之オリンピック大会東京招致運動の発端である」（『一九四〇年第十二回オリンピック東京大会東京市報告書』東京市役所　一九三九年　以下『東京市報告書』）

山本には東京大会招致に向けて、もう一つ別な思惑があったようだ。テレビ放映である。

山本の本職は早稲田大理工科教授で工学博士であり、テレビジョンの研究に取り組んでいた。NHKの『日本放送技術発達小史』にこう記されている。

「1930年、ラジオ放送5周年記念展覧会に浜松高等工業式テレビと早稲田大学式テレビが出品され、公開実験を行なった。早稲田大学の山本忠興・川原田政太郎両教授の実験は、5尺四方の大画面に投写する走査線60本、毎秒12・5枚の精細な映像で好評を博した」

山本が作ったテレビは機械式と言われており、彼はこれを普及させオリンピックを放映するという構想を持っていたようだ。しかし、数年後、開発競争で浜松高等工業学校（現・静岡大工学部）教授の高柳健次郎が発明した全電子式に負けてしまう。

招致時の文部大臣はのちに甲南学園を設立

高柳は自らが開発した技術に自信満々だったようだ。ベルリン大会直後、こう話している。

「日本のテレヴィジョンも既に基礎時代を過ぎ、今後は各種の研究を綜合して次の東京オリムピックには、国内世界各国への放送をもやる覚悟を持たねばなりません。映像の鮮明さにおいてドイツを遥か凌いでいますから、日本内地なら自信があります。今度のオリムピックのころにはテレヴィジョンのないラヂオなんて凡そ意味のない時代になるのぢゃないかなと思います」（『東京日日新聞』一九三六年八月一九日）

テレビジョン開発をめぐる早稲田大と静岡大の取り組みから、科学の発展が大学間競争の産物であったことがわかる。大学とオリンピックの接点は大会運営やアスリート養成だけではない。応用研究の最先端分野を発展させる科学の壮大な実験場になったのである。こう考えると、「大学とオリンピック」というテーマは歴史的にとても奥が深い。

東京市長永田秀次郎に話を戻そう。

一九三二年、永田は国際オリンピック委員会（ＩＯＣ）にこんな手紙を書いている。

「１９４０年のオリンピック都市に東京が選ばれた時には、第12回オリンピアードにおいて卓越した輝かしい成果が得られるよう、あらゆる面で最善を尽くします。聖火が東洋への道を照らさんことを。そして我々の親密な関係が、人類のために国と国との相互理解をさらに

深め、より純粋で、熱く、さらなる勇気に満ちた友情が育まれんことを祈りつつ。敬具
東京市長永田秀次郎　1932年7月9日」(筑波大学オリンピック・パラリンピック総合推進室ウェブサイト)

茗荷谷近辺にはもう二人、オリンピックゆかりの人物がいる。IOC委員の杉村陽太郎、副島道正だ。拓殖大近くに筑波大附属高等学校の起源・東京高等師範学校附属中学校がある。杉村陽太郎は同校の出身だ。彼は旧制第一高等学校、東京帝国大を経て外交官となり、イタリア首相、ムッソリーニに東京大会招致の直談判に行く。旧制中学、高校時代、嘉納から柔道の手ほどきを受けていた。

副島道正は嘉納が学習院の教頭を務めた頃に学習院に入学している。成績不良でしばしば嘉納から叱責されたと言われている。学習院も茗荷谷から三キロほどの距離だ。副島は卒業後、イギリスのケンブリッジ大学に留学し、京城《けいじょう》日報社社長に就任する一方で、貴族院議員となった一九三四年、IOC委員となり、東京大会誘致に奔走する。

嘉納、永田、山本、杉村、副島ら茗荷谷界隈の人たちによる熱心な招致活動が功を奏し、一九三六年七月、IOC総会で四〇年のオリンピック開催地が東京に決まった。

なお、一九四〇年大会決定時に文部大臣だった平生釟三郎《ひらおはちさぶろう》は、兵庫県の甲南学園（現在

の甲南小中学校、高校、大学）の設立者なので、大学関係者といえる。平生は東京商業学校（現・一橋大）を卒業して同校で教員を経験したのち、東京海上火災保険に勤めている。一九一〇年に甲南小学校、一九年に甲南中学校、そして、二三年には七年制の旧制甲南高等学校を設立した。

一九三六年、二・二六事件後の広田弘毅内閣で文部大臣に就任し、オリンピック東京大会招致の責任者の一人なった。

帝大生がつくった競技場

茗荷谷から東へ二・五キロ離れた本郷には、東京帝国大がある。同大学工学部建築学科教授の岸田日出刀《ひでと》は、東京大会招致活動中からオリンピック施設づくりを任されていた。

一九三六年、岸田はベルリン大会に派遣される。ヒトラー政権下でのオリンピックは大がかりな演出がされており、観る者を圧倒した。岸田はこんな感想を述べている。

「想像以上にスケールが大きかったこと、組織の方面においても或は競技場の色々な施設という点でも、想像以上に大規模であったということです」「非常に短時間の間に多数の人を入場させることが混雑なしに出来て居ったということを眼のあたりに見まして、東京の場合も敷地の選定ということが、極めて重要であるということを痛感致した次第でございます」(『中央公論』一九三六年十二月号)

岸田はベルリン大会を参考に、一〇万人規模が収容できる競技場の建設を考えた。当初、メイン会場として神宮外苑競技場が候補にあがったが、岸田は狭すぎると反対する。その後、紆余曲折を経て、駒沢ゴルフ場跡地(現在の駒沢オリンピック公園総合運動場)に競技場と選手村を作ることになった。このとき、岸田の教え子で東京帝国大工学部建築学科の学生だった丹下健三《たんげけんぞう》が手伝っている。丹下は六四年の東京オリンピックに向けて、巨大な放物線状の吊り屋根を冠した代々木体育館を設計したことで知られる。

東京帝国大工学部土木工学科も競技場建設に関わった。埼玉県戸田村(現・戸田市)に漕艇場の建設が決まり、設計は内務省官僚の金森誠之《かなもりしげゆき》が担当することになった。金森は東京帝国大土木科OBの土木技師であり、現地では東京帝国大土木科教授の関信雄が学生を引き連れて測量などを担当している。学生は付近の寺に寝泊まりしての作業だった。この様子が新聞で報じられた。

「一、二年学生にこの我が国初めての大都市計画と併せて大規模な河川工事を実習させてこれ正科と同様に採点することになったが、これにより一年かかるものが二カ月で終わり工期、経費を著しく短縮削減すると同時に学生も珍しい大事業に参画して得がたい経験を体得することになる」（『朝日新聞』一九三七年七月九日）

関教授の専門分野は水理学、港湾工学である。戦前、工学系の大学生は実際に進められている都市計画の現場に出向き、実習をしながら卒業論文を書き上げることが多かった。戸田漕艇場がオリンピックのレースを行うのにふさわしい大規模な静水面を保つためにはどうしたらいいか、このようなテーマを関は学生に課していたようだった。

デザインは京都工芸繊維大、京都市立芸術大出身

芸術系の専門学校（現在の大学）も四〇年東京大会に関わっている。とはいっても、学生や教員がソフト、ハード面で直接、貢献したというわけではない。その専門学校で技術を学び、デザインの素養を身につけた出身者が、オリンピックのマーク、ポスターの公募で入選したのである。専門学校、くどいようだが、現在の大学抜きには、東京大会のシンボルとなるデザインは作られなかった。

マークで入選一等となったのは、大阪大丸宣伝部で働いていた廣本大治である。官立の京都高等工芸学校図案科出身の弱冠二十六歳だった。同校は一九〇三年に開学しており、その教育方針はこう顧みられている。

「図案制作に関わる知識や技術を『図案学』というひとつの領域として構築することを目指した教育をおこなっていました。当時は実社会においても公共機関が主催する図案公募展や百貨店を中心とした企業が企画する図案懸賞などが増加し、図案がひとつの分野として確立されていった時期です」（京都・大学ミュージアム連携運営委員会事務局ウェブサイト）。同校は戦後、京都工芸繊維大となり、図案科は、現在、工芸科学部デザイン・建築学課程に継承されている。

ポスターで入選一等受賞者となったのは、京都松坂屋宣伝部勤務の尾黒田典夫だ。京都市立絵画専門学校、現在の京都市立芸術大出身である。

マーク、ポスターいずれも京都の芸術系専門学校出身者が一等をとったのは、彼らの作品に京都ならではの発想が込められており、そこを評価されてのことだろうか。定かではない。

二〇二〇年、私立の京都造形芸術大が京都芸術大に名称変更したが、これに対して、京都市立芸術大が酷似して紛らわしいと、強く抗議して、大学からの発信では「京都芸術大」と呼ばないと宣言する。

「関係する教職員や学生、卒業生の皆様には、大変失礼なことになりますが、私たちは司法の場で結論が出ていない変更後の大学名称を認知、使用するわけにはまいりません。どうかご理解いただきますよう、よろしくお願いいたします」（大学ウェブサイト　公立大学法人京都市立芸術大学理事長　赤松玉女）

京都芸大という通称が侵されることに我慢ならなかったようだ。

ポスターで入選二等の赤羽喜一は東京美術学校図案科を卒業している。同校は現在の東京藝術大学美術学部デザイン科に引き継がれた。

ところが、ここで大問題が起こる。ポスターの入選一等作は神武天皇と思《おぼ》しき肖像が描かれており、内務省検閲課から不敬きわまりないと抗議を受けてしまう。これでポスターは一等ばかりか二等の作品も使えなくなった。この時代らしい連帯責任で公募によって選ばれた作品は全否定されたのである。

急遽《きゅうきょ》、ピンチヒッターにはいったのが、東京美術学校（のちの東京藝術大）図案科教授の和田三造である。和田は東京美術学校出身で、黒田清輝の書生を経験しており、この頃、すでに洋画家では大御所だった。

帝都青年勤労奉仕団

一九三〇年代半ばをすぎると、東京オリンピックに国威発揚の考え方が強く込められるようになる。東京帝国大の学生新聞にはこんな見出しの記事が書かれている。

「国民精神作興としての体育国策の遂行　オリムピックの再認識」（『帝国大学新聞』一九三七年九月十三日）

体育が国民精神と結びつく。戦時に備えた体位向上のための身体鍛錬の必要性が訴えられ、国家主義的な思想が色濃く反映されている。また、「日本民族」の優位性を訴える考え方が表れ始めた。お国のためにオリンピックを成功させようという気運が高まりつつあった。その一端が競技場建設に示されている。

一九三八年六月、東京市長が勤労奉仕を呼びかける案内を出した。

「……国民精神総動員の趣旨に鑑み帝都青年層に対し労働奉仕作業を提唱致居候《いたしおりそうろう》処各方面のご賛同を賜り都下各大学、東京市連合青年団、日本自転車連盟、土木報国連盟等より延人員一萬名に達する参加申込みを得愈々《いよいよ》来たる六月二十一日よりオリンピック芝浦自転車競

表1　1940年東京大会、芝浦自転車競技場建設に参加した勤労奉仕の学生（1938年6月、東京市主宰の帝都青年労働奉仕団）

順位	大学名	人数	順位	大学名	人数
1	立教大	894	9	専修大	111
2	早稲田大	489	10	明治学院大	79
3	拓殖大	444	11	国学院大	56
4	東洋大	316	12	明治大	43
5	駒澤大	266	13	大正大	14
6	法政大	251	14	東京農業大	13
7	上智大	243	15	日本医科大	6
8	日本大	238	16	慶應義塾大	4

出所：『一九四〇年第十二回オリンピック東京大会東京市報告書』

技場建設工事の一部に奉仕作業開始の運びと相成り候……」（『東京市報告書』）

芝浦（現・東京都港区）に自転車競技場を建設するためには、人材が圧倒的に不足している。このままでは間に合わない。東京市は「国民精神総動員の趣旨」を持ち出した。これは、一九三八年四月に公布された国家総動員法（第一条「……人的及物的資源ヲ統制運用スル……」）を錦の御旗にしたといえる。

東京市は帝都青年労働奉仕団を結成して学生など若い世代を集めた。参加者は四五五一人で、内訳は学生三四六七人、東京市青年団九三六人、日本自転車連盟一三三人、土木報国連盟一五人。学生の大学別内訳は表1にまとめた。

各大学の公式な歴史では東京オリンピックへの学生の勤労奉仕について、ほとんど触れられていない。

これらの記録は空襲で焼失あるいは廃棄された可能性が高い。たとえば、『早稲田大学百年史』第三巻では「オリンピック芝浦自転車競技場建設作業　労働奉仕団、学生数三〇〇　七月六日七日　芝浦埋立地」と一行書かれただけで、詳細な記述はない。

労働奉仕作業は六月二十一日から始まっている。

一日のスケジュールは次のとおり。午前七時集合。始業八時で終業は午後二時三〇分。午前中に十五分の休憩をはさみ、また、昼食時間は午前一一時三〇分から午後一時までとなっており、作業時間は約四時間三〇分である。午後二時三〇分以降は疲労が激しくなって効率が悪くなるとして、作業をさせなかった。おもな作業内容はトロッコで土を運んで、観覧席と芝生を造成する。その繰り返しである。作業初日の様子を新聞がこう伝えている。

「奉仕団代表日大山田重男君が宣誓、愛国行進曲の合唱で式を終ると、第一日をうけもつ国防服姿の日大生二百名は各分隊に編成されて仕事はじめの部署についた。シャツ一枚になった学生達はシャベルを打込んだり、トロの後押しをやるもの、土運びをやるものなど健康にはち切れそうな頬はみるみる紅潮……」（『読売新聞』一九三八年六月二十二日）

作業を始めるにあたっては、国旗掲揚、国歌斉唱、宮城遥拝を行っている。工事主任からは作業の目的だけでなく精神に関する訓示、注意があった。終業時には国旗降下式を行い、工事主任の挨拶が終わってから万歳三唱をして解散した。

作業成果報告が次のようにまとめられている。

「……当初、本業の目的とするところは（イ）青年に対する非常時の精神訓練即ち奉公の精神強化と、如何なる難事にも耐え得る忍耐力の涵養（ロ）集団訓練（ハ）土木知識の普及にあった……」（『東京市報告書』）

学生は「陛下の赤子」

一九四〇年東京大会のメイン会場は駒沢競技場である。しかし、三八年時点で建設はほとんど進んでいなかった。そこで、急遽、管轄することになった厚生省体力局が勤労奉仕として学生を動員している。当時の新聞記事の見出しを並べてみよう。

「駒沢主競技場に夏休の〝青春〟動員　学生・青年団延べ五千名」（『朝日新聞』一九三八年六月十八日）

「学生汗の動員決まる　奉仕二万人　競技場の建設」（同六月二十一日）

オリンピック開催の二年前である。間に合うのだろうか、と政府は真っ青になって、国家総動員法を援用し学生に大動員をかけた突貫工事を始めたわけだ。戦争とオリンピックは勤労奉仕を語る上で同じ扱いとなる。

勤労奉仕期間は七月二十日から九月二十日まで。大学・専門学校五〇〇〇人、中学校一万人、青年団三〇〇〇人。一日のスケジュールは午前七時集合、七時三〇分作業を開始し、午後三時三〇分に終了する。この間、昼食の休憩がある。作業開始時・終業時に国旗掲揚、国歌斉唱、宮城遥拝、万歳三唱がある。芝浦の自転車競技場建設にならったものである。

文部省が各大学に動員をかけた。中央大には次のような通知が届いた。

「中央大学　専門部長殿　文部省専門学務局長　男爵　山川健

帝都青年集団勤労奉仕に関する要綱

一、現下非常時局に際し帝都学生生徒青年有志をして率先奮起して集団勤労奉仕を実践せしめ以て心身を鍛練し国民精神総動員の実を挙げ皇国の隆昌に貢献せんことを目的とし左の信条を掲ぐ

一、吾等は陛下の赤子たるの感激に生き献身奉公の赤誠に燃ゆ（略）

二、前項の目的を達成するため左の集団作業を行う

1、オリンピック競技場の建設（略）」

これは学徒動員以外のなにものでもない。

ここで、二〇二〇年オリンピック東京大会の話をする。

東京オリンピック・パラリンピック競技大会組織委員会は二〇一八年にボランティア募集を行った。これに伴い、学生が参加しやすいように、オリンピック開催期間中には授業を行わない学年暦に変更した大学がある。神戸女学院大名誉教授の内田樹《たつる》がツイッターでこう批判している。

「東京五輪優先主義で各大学が学年暦を作成し始めています。筑波大では原則として大会期間中は授業・試験なし。学期の開始日を早め、五月の連休も土曜日も授業。大会中に授業・試験があった科目に欠席したボランティア学生は大学に対し特別な配慮を求めることができる。『学徒動員』ではないですか」（二〇一九年三月十六日）

内田は「学徒動員」という言葉を、第二次世界大戦中、学生が軍隊に入った、あるいは、軍需工場で兵器を作ったという史実を想起させるため、比喩的に使ったのだろう。しかし、八〇年以上前、オリンピックのためだけに、学生を「陛下の赤子」として、滅私奉公を強いる学徒動員が実際に行われていた。

大会運営にあたって人手不足を補うために奉仕させるという意味では、二〇二〇年大会のボランティアのルーツは一九四〇年大会のための集団勤労奉仕にあるといえる。もちろん、二〇二〇年大会では集団勤労奉仕の際とは違い、ボランティアによる国旗掲揚、国歌斉唱、皇居礼拝は予定されていない。いや、今ならば国旗掲揚、国歌斉唱を求めるような国会議員が出てきてもおかしくはないだろう。

戦時体制を維持のためオリンピックを返上

一九四〇年東京大会に話を戻そう。

文部省が各大学に学徒動員を要請したのは一九三八年七月十三日である。そのわずか二日後の七月十五日、日本はオリンピック東京大会を返上すると発表した。前年に始まった日中戦争が終結する見込みがなく戦時体制を維持する、競技場建設に必要な物資が不足しているなど、オリンピックに国費や時間を使うわけにはいかない、ということだ。

東京大会を目指していた選手は大きなショックを受けた。東京大会の代替開催地として、フィンランドのヘルシンキで大会が行われることになったので、日本の選手は二年後のオリンピックを目標に練習に励んだ。三九年八月までに、ヘルシンキ大会の日本代表、日本代表候補が決まっていく。その中心は、やはり大学生だった。いくつかの競技で大学生選手の内訳を見てみよう（数字は人数）。

- 陸上　早稲田大六、関西大五、東京文理科大四、明治大四、慶應義塾大三等。
- サッカー　慶應義塾大七、早稲田大四、東京帝国大三、東京文理科大三、神戸商科大三、京都帝国大二等。
- バスケットボール　早稲田大四、東京帝国大三、京都帝国大二、立教大二など。
- 体操　東京文理科大七、日本体育会体操学校三、慶應義塾大三、早稲田大二。
- レスリング　明治大四、早稲田大四、専修大二、慶應義塾大一。

（『読売新聞』一九三八年三月二日、八日、十日、四月十八日、七月六日の報道から集計）

東京文理科大と早慶明の対立

幻の東京大会、ヘルシンキ大会での体操の代表選考をめぐって、じつは大もめにもめたことがある。一九三八年、体操界を仕切る日本体操連盟が「小学校正科教員の如く〝付随的〟に教授する者は別として、〝専門〟に教授する者もしくは〝体操のみにて生活〟する者は、オリンピック東京大会第一次予選選抜大会に参加せしめざることに方針を決定した」と発表してしまう。つまり、体操を専門に教えている体育教員はオリンピック代表になる資格はない、と言っているようなのだ。ひとことで言えばプロの体育教員を外せということである。これには体育教師を多く輩出した、そして養成している東京文理科大（前身は東京高等師範学校）、日本体操学校（のちの日本体育大）が反発した。ここに体育教員養成系大学（東京文理科大、日本体操学校）と早稲田大、慶應大、明治大など非養成系大学にわかれてしまう。それぞれ別のグループを作って試合を続けようとした。体操界の重要な試合と位置付けられる明治神宮大会では日本体操学校、東京文理科大の系列しか参加しなかった。早慶明は、日本体操競技連盟を設立し、体育教員養成校を牽制した。

一九四二年、日本が第二次世界大戦に参戦した翌年に、二つのグループは大日本体育会体操部会に統一されてしまう。戦争中の組織である。大日本体育会は戦力強化のために国民の体力向上を図る方針を打ち出した。一九四四年度事業方針にはこう記されている。「戦局の推移に伴ひ、本会の事業も戦力増強の一途に集中せられてきたことは申す迄もありません。即ち体育を通して、ひろく全国々民の体力を向上させて、戦力の増強に寄与することが決戦下本会の使命となり、事業も自ら重点的に行はれるやうになり、不急の事業は当分

停止せられること丶なつたのは当然の結果といはねばなりません」（『財団法人大日本体育会要覧』一九四四年十一月）

戦争が激しくなり軍事色が強い団体が作られたことによって、教員養成系と非教員養成系の対立は解消することになる。

なお、一九四四年、大日本体育会理事長に東京帝国大教授の末弘厳太郎が就任している。

「今更申すまでもなく、時局下最大の要務は戦力の増強にあります。そうして戦力の基礎はつきつめて見ると国民の体力であり、気力であります。従つて、体育を通して全国々民の体力を向上せしめ志気を昂揚せしめ之に依つて戦力増強に寄与することこそ吾々体育会に関係する者一同に課せられたる刻下最要の重責であると言はねばなりません」（『体育日本』二二巻五号　一九四四年）

末弘厳太郎の名前は、現在でも法律専門誌で見ることができる。月刊誌『法律時報』（日本評論社）の表紙に毎号「末弘厳太郎　創刊」と記されている。それだけ権威があるということだが、法律界の重鎮が、「体力を向上せしめ志気を昂揚」とおよそ科学的ではない言説を披露するとは、戦争がアカデミズムを狂わせたとしかいいようがない。

オリンピック代表の戦死者

話を戻そう。

一九三九年九月、ドイツがポーランドに侵攻したことで第二次世界大戦が始まった。これによってヘルシンキ大会は中止となる。

一九四三年十月二十一日、明治神宮外苑競技場で「出陣学徒壮行会」が行われた。四〇年東京大会においては、ここでホッケーが行われる予定だったが、学生を戦争に駆り出した一大国家イベント会場となってしまう。

日本人が初めて参加した一九一二年ストックホルム大会から三六年ベルリン大会までのオリンピック代表選手で、第二次世界大戦の戦死者はどのくらいいただろうか。広島市立大名誉教授、曽根幹子の調査によれば三五人が判明している（「日本人戦没オリンピアン名をめぐる混乱とその真相」二〇一六年八月、日本体育学会大会発表論文、卜部匡司との共著。冬季大会一人を含む）。出身大学別の内訳を表2にまとめた。戦死者のなかで、オリンピック代表だった大学生は次のとおり（曽根の資料から）。

表2　第2次世界大戦で戦死したオリンピック（夏季）代表選手の主な出身、在籍校（1912年ストックホルム大会〜1936年ベルリン大会）

大学名	人数
慶應義塾大	7
早稲田大	7
東京帝国大	2
東京商科大（一橋大）	2
明治大	2
京都大	1
東京高等師範学校（筑波大）	1

大学名	人数
北海道大	1
同志社大	1
関西大	1
中央大	1
日本体育会体操学校（日本体育大）	1
日本大	1
立教大	1

※オリンピック代表時の出身および在籍校。「日本人戦没オリンピアン名をめぐる混乱とその真相」（曽根幹子、卜部匡司、2016年）から集計

- 二〇年大会　水泳＝内田正練（北海道帝国大）
- 二四年大会　水泳＝斎藤巍洋（立教大）
- 二八年大会　陸上＝相沢巌夫（京都帝国大）
- 三二年大会　陸上＝長尾三郎（関西大）、落合正義（明治大）。水泳＝河石達吾（慶應大）、武村寅雄（明治大）、横山隆志（早稲田大）。ホッケー＝柴田勝巳（東京商科大）、中村英一（慶應大）など。
- 三六年大会　陸上＝鈴木聞多（慶應大）、谷口睦生（関西大）、鈴木房重（日本大）。水泳＝新井茂雄（立教大）、田中一男（早稲田大）、児島泰彦（慶應大）。サッカー＝右近徳太郎（同）、松永行（東京高等師範学校）など。

このうち、一九三二年大会の河石が銀メダル、三六年大会の新井が金と銅メダルを獲得している。な

お、三六年大会の右近は、幻の四〇年大会の候補になっていた。

一九四〇年東京大会の構想、招致、運営、競技場建設、日本代表選手すべてにおいて、大学が深く関わっている。大学教授がオリンピックの運営責任者として指導的立場となり、学生は選手として、また競技場建設者としても存在感を示していた。しかし、東京大会を支えた大学関係者の多くは戦争によって悲劇的な体験をすることになった。

二〇一九年五月、四〇年東京大会の水泳代表が確実視されていた河野通廣が亡くなった。享年九十九。日本大学在学中にオリンピックを迎える予定だった。その後、河野はどのように生きたか。長男の証言を交えた報道がある。

「東京五輪出場を目指して練習に明け暮れる中、開催返上の話を耳にした。『虚脱感で何もする気が起きなくなった』と振り返ったという。

河野さんはその後、繰り上げ卒業で中国に出征し、機関銃を備えた部隊に配属された。撤退時は最後方を担当し、目の前で胸に銃弾を受け、命を落とした部下もいたという。戦争の話はあまりしたがらなかったが、道康さんは『それだけひどい経験をしたのだろう。〝絶対に戦争はするな〟と言っていた』と思いをはせる」（時事通信　二〇二〇年八月十一日）

第四章

一九五二年大会〜六〇年大会

慶應・東大ボート部　栄光の軌跡

なぜボート競技はエリート校が強いのか

戦後、日本のオリンピック参加は一九五二年ヘルシンキ大会からだった。同大会で代表選手七二人中、大学生は三八人を数えた（五三％）。しかも唯一の金メダリスト石井庄八（レスリング）は中央大の学生だった。銀メダルを獲得した大学生には水泳で鈴木弘、谷川禎次郎（いずれも日本大）、レスリングで北野祐秀（慶應大）。銅は体操の小野喬《たかし》（東京教育大、現・筑波大）がいる。メダリストは延べ一二人。うち五個のメダルが大学生の胸にかけられた。

五〇年代のオリンピックはアマチュアリズムがしっかり浸透しており、日本だけでなく多くの参加国でトップアスリートの主役は大学生だった。

五二年ヘルシンキ大会日本代表では、すべて大学生が担った競技がある。レスリング、ボート、ボクシングだ。このうち、ボートは全員、慶應大の学生だった。五〇年代前半、大学数は約二三〇、大学進学率は七％台である。ヘルシンキ大会では大学生と大学出身者（戦前の高等教育機関を含む）を合わせた人数が、出場者の七割を超えている。オリンピック代表はエリート集団といえる。

なかでも、オリンピックと大学の関係できわめて高い親和性が示されるのが、ボート競技である。どういうことだろうか。

ボート競技は、全日本選手権大会に優勝したクルーがオリンピック代表に選ばれる。毎年、大会上位は大学で占められていた。大学のほうが社会人クルーより強く、事実上、大学日本一イコールオリンピック代表となる。この代表選考方法は六〇年代まで続いた（六四年東京大会は一部の種目で大学クルーでなく選手を選抜）。

いわゆるエリート難関校が強かったのは、大学からボートを始める学生が多く、彼らを指導するコーチ陣が揃い施設も充実していたからだろう。東京大、京都大、一橋大、早稲田大、慶應大など、明治時代に創部した大学に、この特徴が顕著に見られる。

ボート競技で、学生時代に日本代表だった人々を訪ねてみた。

「いつも腹を減らしていた」

ヘルシンキ大会代表の舵手付きフォア（漕手四人、舵手一人）には、慶應大端艇部の五人が選ばれた。法学部三年の武内利弥は一九三〇年東京生まれで、四四年に旧制の都立第一中学校に入学する。教育制度が変わって都立第一高等学校（現・日比谷高校）となり、四九年、慶應大に入学し友人から誘われて端艇部に入った。

「大学から始めてなんとかなるのはボートぐらいだろうと思い、オリンピックのことは頭にありませんでした。コーチ、先輩、クルーメンバーに恵まれたこともあって、試合に出られるようになりました。合宿所での練習は厳しく授業になかなか出られない。友人からノートを借り、試験だけを受けたこともありました。いちばん大変だったのは、食べるものが自由にならなかったことです。合宿所ではいつも腹を減らしており、先輩からの差し入れなどでメシを腹一杯食えたらありがたい、という時代でした」

オリンピック代表選考は、慶應大と東京大、一橋大の三校が競い、慶應大が東京大を三分の一艇身差で下した。このときのエイト（漕手八人、舵手一人）のメンバーから、舵手付きフォア代表として慶應大から武内ら五人が選ばれた。当時の慶應義塾長は喜び、彼らを自宅に招待している。

この時代、日本はまだ貧しい。海外渡航には莫大な費用がかかるため、慶應大では端艇部を中心にカンパ活動を行って旅費を工面した。

五二年ヘルシンキ大会で慶應大は予選で四着、敗者復活戦で三着となり、決勝に進むことはできなかった。武内はこう続けた。

「日本にとって十数年ぶりの国際大会で、他国の漕法を見たことがなかった。私たちはオーソドックスな漕法を改良してハイピッチで漕ぎましたが、ソフトもハードも時代遅れでした。他国のほうが断然良かった。そして、体力差を痛感しました。前半はなんとかついていくけど、後半は抜かれてしまいました。このときの敗戦を分析し、その後のオリンピックに役立てることができたと思います」

「軽自動車と大型自動車の違い」

武内とともにオールを握った堀越保（旧姓、木暮）は一九三〇年群馬県生まれ。県立渋川高校から慶應大経済学部に進んだ。

ボートは慶應大に入ってからだが、そのきっかけがおもしろい。大学の必修科目として体育実技を登録しなければならないが、申し込みが遅くなってしまい、野球、テニス、サッカーなどの人気科目は定員締め切りのため履修できなかった。残りはボクシング、空手とボートだった。

「格闘技はいやで、ボートは夏でも水上だから涼しいと思って、それが端艇部との出会いです。授業で漕ぎ方を教えてくれたボート部員から、部に入らないかと誘われました。学生生活をただもんもんと過ごすよりもいいなと思って入部しました」

その後、堀越は運動神経の良さと体力でメキメキ頭角を現し、舵手付きフォアで全日本選手権に出場した。二年生では彼だけだった。堀越は述懐する。

「学業成績が悪いと合宿所に大学から手紙がくる。一年間、試合に出してはだめという内容で、レギュラー選手でも大目に見てくれません。授業に出られないときは友だちのノートを写して試験に挑むのが精一杯で、遊ぶひまなどなかったですね。そのうち、メンバーの一人が家庭の事情で合宿所から引き揚げなければならず、代わりに私が出ることになりました」

五二年ヘルシンキ大会本番で、慶應大のクルーは世界を相手に歯が立たなかった。外国選手との体格差、体力差もあったが、レース環境に慣れなかったことが大きい、と堀越は見ている。

「レースは海上で行われ、波とうねりのあるところでの試合は初めてでした。慶應の舟は軽量級だったので木の葉みたいに揺らいでしまう。重量級の舟にはかなわなかった。軽自動車と大型自動車の違いでしょうね」

卒業後、実家の伊香保に戻ってから、地元でボートの普及に努め、群馬県で行われる国体でボート競技を開催することができた。

もし、慶應大の授業でボートを取らなかったら、メンバーの交代がなかったら――。堀越にとっては運命の巡り合わせである。

「オリンピックに出たおかげで、海外とのお付き合いが増え、楽しい経験ができました。何よりも地元の群馬でボート競技を普及させるという社会貢献ができた。オリンピックはロマンですね」

武内、堀越は、二〇二〇年東京大会を観戦する二〇二一年には、九十歳を超える。まだまだ元気だ。

「工学部がボートを設計、医学部が健康管理」

一九五六年メルボルン大会では代表一一九人のうち五六人が大学生だった（四七％）。簡単に渡航できる時代ではなく、初めての海外、という学生がほとんどだった。

代表選手団を乗せたチャーター機がメルボルン空港に降り立ったとき、代表選手団の田畑政治《まさじ》団長は不安を抱いていた。タラップを降りてから、選手団が行進するとき先頭で日の丸を掲げて大丈夫だろうか。オーストラリアは第二次世界大戦中、日本軍から攻撃を受けている。反日感情を刺激しないか。慶應大法学部二年の岩崎洋三は今でもこの様子を覚えている。

「私たち選手は団長に、『大丈夫ですよ。堂々と日の丸を掲げましょう』と話しました」

田畑団長が日の丸を掲げると拍手が起こった。歓迎されたのである。

岩崎は一九三六年生まれ。東京教育大学附属高校時代、ボート部に属していた。大学受験前、高校の先輩で慶應大の端艇部員から喫茶店に呼び出され「慶應でボート部に入れ」と誘われる。五五年、大学に進んだ。岩崎はすぐに頭角を現し、ボート経験者として新人に課せられる飯炊きを免除されメンバー入りした。

「スカウトですね。私もその気になってオリンピックを狙おうと思い、入学手続きを済ませて合宿入りします。最初は体がかたく、マットで前転を繰り返し柔らかくなった。一流の選手を呼んで一流の練習をするというやり方でした。まだ大らかな時代で、練習や試合で授業に出られなくても、大目に見てくれるところがあり、先生から『お国のためだからがんばれ』と手紙をもらいました」

メルボルン大会では慶應大端艇部一〇人がエイト代表となった。

メルボルン大会での岩崎洋三選手の身分証明書（本人提供）

武内の同期に渡辺靖国がいる。慶應高校出身で、それまでスポーツの経験はない。

「先輩に何かスポーツをやりたいと相談したら、一人で走ったりする陸上より、みんなで漕ぐボートがおもしろい、とすすめられました。はじめは飯炊きばかりでしたが、監督からケツのでかいヤツという理由でメンバーに選ばれました」

岩崎、渡辺より二学年上の佐々木亨は、都立豊多摩高校から慶應大に進んだ。

「前回のヘルシンキ大会に出場してから、慶應は選手層が薄く大敗したこともあり、衣非《いひ》宏監督が立て直し、ボート強豪校の高校生を熱心に勧誘していました。また、工学部が最先端の科学を駆使してボートを設計、医学部が選手の健康管理を担当し、大学をあげて端艇部を応援してくれました」

慶應大はメルボルン大会代表選考会では京都大を一尺（約三〇センチ）差、時間にして〇・三秒差で退けて、オリンピックの切符を得た。このとき、岩崎は「本命は東大だったので、欲はなかった」、渡辺は「オリンピックに出ることにすぐには気づかなかった」とふり返る。

メルボルン大会での成績は予選で二位、準決勝で四位、決勝には進めなかった。だが、気後れすることはなかったようだ。渡辺が話す。

「練習では隣にアメリカのチーム、イェール大の学生がいました。彼らは体がでかい。レースで外国人と並ぶのは初めてでみんなおっかなびっくりでした。でも、練習ではそんなに速いとは思わず、ずいぶん自信がついたものです」

優勝したのはアメリカだった。その表彰式を見て、慶應大のクルーは大きな衝撃を受けた。佐々木が話す。

「イェールの学生は表彰台でフラフラな状態で立ち上がることができない。肉体的にも精神的にも極限状態になったローアウトです。私たちはあそこまでフラフラになるまで漕ぐことはなかった。これが欧米のトップ選手との差なのだろうと痛感し、大きな教訓となりました」

「『エトブプレパルテ』に反応できなかった」

一九六〇年ローマ大会になると、代表団からさらに大学生が減った。一六七人中七三人だった（四四％）。

同大会のボート競技においてエイトは東北大から九人、舵手付きフォアでは東京大から五人が選ばれている。

東北大エイトのコックス（舵手）には経済学部四年の三沢博之がいた。三沢は三八年長野県生まれ。五七年、長野県松本深志高校から東北大に進学。入学するまでボート経験はない。

「ボート部員が少なくエイトも組めなかった状態だったようで、入学早々、小柄の私が背の高い先輩に目を付けられてひっぱりこまれました。オリンピックに出るなんて夢にも思いませんでした。塩釜市の合宿所で毎朝四時に起きてひたすら練習の繰り返し。大学へ行く暇などなく、ゼミに入れませんでした。私はコックスだったので、大声で選手を束ねなければならない。練習後も、海に向かって大声をあげて喉を鍛えました」

オリンピック代表選考会で東北大は東京大、慶應大を退け、日本代表となった。このとき、三沢はレース後半でこう叫んでいる。「ラスト三〇ホン、勝てるぞ、ローマへ行けるぞ」。東北大エイトがオリンピックに出られたのは漕艇部の堀内浩太郎監督の手腕が大きい。できる限り長くオールで水を押して漕ぐスタイルで「超ロングレンジ漕法」と呼ばれた。高校時代の経験者は一人のみだったが、クルー全員、基礎体力がしっかり付いていたおかげで、世界と戦うことができた。

三沢がオリンピック代表になったことで、出身地の松本市で盛大な壮行会が開かれた。松本駅では多くの人が集まって応援歌が歌われた。市長も激励に駆けつけた。

ローマ大会本番、東北大クルーはいつもの調子が出せなかった。予選は四位に終わった。三沢は敗因の一つについて、スタートの号令を意味するフランス語「エト ブプレ パルテ」に反応できなかったことをあげている。フランス語でスタート号令の練習をしていたが、ダメだった。三沢は今でも悔しがる。

「スタートを得意としている東北大が遅れをとってしまったのは、いつまでたってもスタートの号令が聞こえず、戸惑いながら漕ぎ始めたからでしょう。国際試合の経験が皆無だったことが大きかったですね」

敗者復活戦ではまずまずのスタートだったが、最後、六〇センチメートルの差でイタリアにかわされ二位となり、決勝に進めなかった。

「イタリアの艇の長さは一八メートル、私たちの船は一六メートル、前半は日本がイタリアより前に出ることもあって、いい位置をキープしていると思いながら舵をとった。ゴールへは同時になだれ込んだように見えて、どっちが勝ったかわからなかった。コックスの位置では私のほうが前だったので、勝ったかもしれないと思ったが、場内放送でイタリア代表が喜んでいるのを見て、負けたことを知りました。悔しくて、しばらく動けませんでした」

東北大クルーはローマを後にしてジュネーブ、ロンドンをまわって帰った。ロンドンではオックスフォード大の学生の自宅に泊めてもらっている。

三沢は卒業後、三井物産に勤務し、ロンドンには八年駐在していた。このとき、ローマで戦ったイギリスのボート代表と再会を果たしている。

文学部二年の斎藤直は大学に入ったら、当時の皇太子を見ならってテニスでもうまくなろうと思っていたところ、ボート部にスカウトされてしまう。オールを持ってわずか一年三カ月あまりでオリンピック代表となった。選手村で食料事情に苦労したことが印象に残っている。日本からは帝国ホテルのコックが一人だけ同行し、日本選手団の食事を作っていたが、他の国々のコックと一緒に仕事をしていたので、思うように日本食を用意できなかったようだ。体重を減らす選手がいたという。斎藤はこうふり返っている。

「ローマに滞在中、味噌汁一杯も出てきませんでした。又ボートは朝食を取るとすぐに練習に出かけ、夕方遅く帰ってくるので、一日一回の夕食の米飯がなくなったり、あるいはバックボーンの入った米（良く炊けない米）しか残っていないような時が多かった。又朝食といえば大陸式とか言って炭水化物はパンとオートミールだけ。一般に塩分調味料が食塩だけしかないので、肉、果物その他にたくさん量はあったけども腹に入らなかった。日本式の胃袋を持った連中が体重を落としたのは当然だと思います」（『昭和三十六年度會報　ローマオリンピック派遣記念号』東北大学漕艇部後援会　一九六一年）

東京大ボート部、ローマ大会へ

東京大の舵手付きフォアのメンバーには法学部三年の大久保尚武がいた。

大久保は一九四〇年北海道生まれ。五八年、北海道札幌南高校から東京大に進んだ。高校時代はスポーツの経験はないが、冬は雪下ろし、夏は薪割りで体力には自信があった。

大久保は初心者として漕艇部の門を叩いた。練習は厳しかった。しかし、やみくもに体を鍛えたり、漕いだりしていたわけではない。同大学医学部衛生看護学科の石河利寛助教授の指導で、運動生理学の最先端研究を練習に採り入れた。

たとえば、持久力養成トレーニングとして二〇〇メートル全力疾走、四〇〇メートルジョギングを組み合わせて毎日六〇〇〇メートルを走った。最大酸素摂取量を高めるため、四〇〇〜六〇〇メートルを全力疾走し三分休息後、再び全力疾走を繰り返した。筋力養成ではバーベルを用いての腕力と背筋力の増強に努めた。大久保はこうふり返る。

「毎月一回データをとると、私たちの体力がみるみるうちに付いていくのがわかりました。どこの筋肉をどうやって付けたらいいのか、心肺機能をどうすれば高められるかもわかってきた。漕いでいるだけでは体力は付かず、強くならない。そこで、私たちが最先端科学を採り入れることで強くなったわけです」

科学的なトレーニングの成果は表れた。

六〇年、東京大はオリンピック代表選考レースで大久保たち五人の舵手付きフォアが優勝し、同年ローマ大会代表に選ばれた。

「嬉しかったですね。東大は体力、持久力は抜群だった。前半の一〇〇〇メートルは負けて

東大ボート部メンバーとしてローマ五輪に出場した、積水化学工業・大久保尚武相談役

いるが、後半の一〇〇〇メートルになると一艇身の差をつけて勝っている。同じスピードが最後まで持続でき、その間、ライバルはどんどん後に下がっていきます」

しかし、残念ながら、オリンピックでは通用しなかった。ローマ大会の予選ではトップと二〇秒近く差を付けられてしまう。敗者復活戦でも最下位に終わった。

大久保がオリンピックに向けて準備をしていた頃、国内は六〇年安保闘争のさなかだった。国会前やキャンパスは騒然としており、それに苦悩した漕艇部員もいたようだ。大久保はふり返る。

「夜合宿所の布団の中で聞いたラジオから国会前のデモで東大の樺《かんば》美智子さんが亡くなったことが知らされたとき、ぼくたちはボートばかり漕いでいて、時代に取り残されるのではないかと不安に思ったものです」

六二年、大久保は積水化学工業に入社。八九年同社の取締役となり、九九年副社長を経て、同年社長に就任、二〇〇九年には会長となり、現在は名誉顧問を務めている。

また、二〇〇四年から日本ボート協会の会長職にある。日本のボートの将来について、こう語る。

「今、オリンピックのボートの代表に大学生はいません。体づくりと技術習得に一〇年かかると言われ、十五歳から鍛え二十七歳ごろにピークを迎えるのが理想的で、そのためには高校、大学、企業が同じ考え方で選手を育成してオリンピックにつなげていかなければなりません。今、少子化にあって、高校単位でクルーを作る学校は少なくなっているので、地域ボートクラブを増やすなどして合同チームとして試合ができる環境を作り、ボートの魅力を若い人に伝えていきたいですね」

企業スポーツ隆盛の時代へ

東京大の学生がオリンピック代表となったのは、六〇年ローマ大会が最後だ。

六〇年ローマ大会には大久保のほかに斎藤修、福田紘史、村井俊治、水木初彦がいた。

村井は東京大教授を定年まで勤めた。最近、元ライブドア社長の堀江貴文との対談でこんな話をしている。

「堀江さんと同じで、私は4年間のうち大学には6か月しか行ってなくて、ボート部の合宿所で3年半ずっと……」（まぐまぐニュース　二〇一八年二月五日）

水木は朝日新聞記者を経て、神奈川新聞社社長を務めた。朝日新聞社勤務時代、横浜支局長としてリクルート事件取材の陣頭指揮を執っていた。

続いて六四年東京大会で日本は三五七人の大選手団を送り、うち学生は一一二人となり、三分の一に減ってしまった。ちなみにこの年の大学進学率は一五・五％。オリンピック代表の学生比率と大学進学率は反比例しており、この傾向は現在まで続いている。

学生選手が社会人になってさらに力を付けたこと、企業がスポーツに力を入れるようになり代表を多く輩出したことで、学生選手が活躍できる場が次第に少なくなったからだ。

慶應大や東京大のように、大学の「頭脳」を活用して選手を育成し、大学で競技を始めて二年ちょっとでオリンピックに出場する。このような夢物語は難しくなる。アマチュアスポーツの象徴的な存在である大学が、オリンピックと縁が遠くなりつつあった。

第五章

一九六四年大会〜六八年大会

部の伝統ゆえ、オリンピックを辞退

「二選手（東大）が辞退」の衝撃

一九六四年オリンピック東京大会の日本代表選手は三五五人を数える。過去のオリンピックのなかで最も多い。次いで、二〇一六年リオデジャネイロ大会の三三九人だった。これは開催国枠として、海外での予選を経ずに出場できた種目があったからだ。

六四年東京大会の代表のうち大学生は一一二人、三一・四％である。大学生、大卒の合計は二七四人を数え、七六・八％にのぼる。当時、大学進学率が一〇％台だったことを考えると、オリンピック日本代表は高学歴社会だったと言える。

このなかで、学生の比率が高かった競技はやはりボートである。代表二六人中二五人が学生だった。内訳は早稲田大九、慶應大三、中央大三、日本大三、明治大二、東京医科歯科大二、東京教育大一、一橋大一、立教大一（卒業生は慶應大一）。

ところで、六四年東京大会のボート競技では、東京大の学生二人が一度は選ばれているが、出場しなかった。このことはあまり知られていない。「二選手（東大）が辞退」というショッキングな見出しで、次のように報じられている。

「ボート・エイト（引用者注・漕手八人、舵手一人の艇）の五輪候補選手のうち、東大の大隅多一郎（二一）長島洋一（二〇）の両選手は一身上の都合を理由に五日、日本漕艇協会へ候補選手を辞退すると届け出た。協会としては個人的な意思を尊重したいとして同日辞退を了承した。

辞退の理由は、両選手がこれまでの東大クルーと離れ、各大学の選手にまじってこぐのに関心がないというもの」（『朝日新聞』一九六三年十一月六日）

大学ではなく学生を選抜するピックアップクルー

大隅多一郎は現在、日本ボート協会監事を務めている。東京大漕艇部の様子、オリンピック「辞退」の経緯について話を聞いた。

大隅は、一九四二年静岡県生まれ。六二年県立静岡高校から東京大に進む。大学のクラスで「背が高いからボート部はどうか」と誘われて初めてオールを握った。東京大、東北大など「官学」が六〇年ローマ大会にボートの日本代表で出場していたことも魅了された一つである。だが、大隅は初心者として苦労した。

「ボートは人間の体を動かすことで漕ぎ、体の持っている力を最大限に使うことが求められます。そのため、まず足の押しが利いている間は、上体を前傾姿勢のまま保ち、足が伸びったあとに背筋を使ってさらに押し、最後は腕を使いきって押します。『まず足を使え、上体で引くな』と注意されたものです。三カ月ぐらい経って、ボート経験者で前方の漕ぎ手から『軽くなった』と言われ、やっと教えられた漕ぎを身につけたと思いました」

大隅はすぐに頭角を現して対校戦のメンバーに選ばれ、合宿生活を送ることになった。東京大は埼玉県の戸田に鉄筋三階建ての合宿所をつくったばかりである。一〇〇人収容で、八人部屋が一二室備えられていた。大学の合宿所といえば大部屋で雑魚寝するところが多かったなか、ベッドルームも三部屋あり、東京大の合宿所は他大学から天国のような環境とうらやましがられた。

六二年、日本漕艇協会(現・日本ボート協会)が、六四年東京オリンピックを見据え、各大学ボート部から体力がある学生を選抜して、合同合宿を企画した。東京大からも大隅ほか六人が参加している。この合宿は翌年も行われ、大学ボート部選手の体力増強がはかられた。

六三年、東京大は全日本選手権エイトで優勝する。

その後、日本漕艇協会は翌年の東京オリンピック代表として体力に優れた学生を大学ボート部から選ぶと発表した。これまでのように大学単独では体力がある学生が揃わないからという理由だった。大学ではなく学生個人を選抜するという意味でピックアップクルーと呼ばれたが、メンバーとして召請されたのは関東の大学のみであったため、北海道大、東北大、京都大などの地方大学が猛反対した。

ピックアップクルーとして、東京大から大隅と長島が選ばれ、新聞にも掲載された。しかし、東京大もこの選考には、公平、公正さがないと反対し、「オリンピックに選手を出さないほうがいい」という結論になった。

「大学ボート部活動を通して」こそ

東京大漕艇部のコーチは大隅を次のように説いた。

――これでいいのか。大学のボート部の義務の一つには、ここで培ってきた強さ・漕法を先輩から継ぎ覚え、それを自分の体に覚えさせ、さらに後輩に伝える。君らがいなくなったら伝統の漕法を後輩に継ぐことができず、ボート部の伝統は途絶える。各大学のボートの漕ぎ方を部活動で伝える、そのプロセスの中に自分自身を置き、ボート部の伝統を引き継いでいく真摯な努力の中で、自分自身がいかに成長するかにつながっていく。オリンピックで勝つためにがんばっても、オリンピックが終わったら何が残るのか。懸命に努力することで自分が立派になる、一緒に練習した仲間全体が良くなることのほうが価値はあるのではないか――。

大隅はこの考え方を受け入れた。それは、その年、全日本選手権（エイト）で優勝した翌日の感慨につながるという。こう話してくれた。

「全日本エイトで優勝できたとき自分の気持ちは盛り上がったが、その翌朝、合宿所から外を見ていたら、昨日と同じように陽が昇り、新聞配達、通勤する人が行き交う街を見て、世の中、きのうと同じで何も変わらない。勝つことの意味を考えさせられました。勝った喜びに高揚したのは自分だが、我々以外の世の中はそれぞれの価値観の中で進んでいる。優勝したことは自分自身に何かをもたらすが、自分以外の人々には同じような関心は持ってもらえないと感じた。この経験を基に、自分自身の価値観として、自分が大学ボート部の活動を通して身につけるものは自分自身の人間としての成長ではないかとぼんやり考えていたこともあり、代表辞退を違和感なく受け入れました」

大隅が日本漕艇協会に出向き辞退を申し出ると、副会長からこう怒られた。「オリンピックに出て日の丸を上げるのが男子の本懐」。だがその後、大隅たちは「自分たちのボートは強くなればいい」と、いつもどおり厳しい練習に励んだ。

オリンピック東京大会のボート競技は戸田で行われた。東京大の合宿所の目の前なので、大隅たちは大会中、ときおり観戦させてもらっていた。

医学部、歯学部から代表選手に

同大会のボート競技（舵手なしペア）には東京医科歯科大歯学部四年の黒崎紀正《のりまさ》、向後《こうご》隆男が出場している。

黒崎は一九四三年栃木県生まれ。祖父、父の代から続く歯科医の家の長男として生まれた。六一年、県立宇都宮高校を経て大学へ入学する。高校時代までスポーツの経験はなかったが、身長約一八一センチ、体重約八〇キロと体格は恵まれ、運動神経、体力ともに優れていた。東京医科歯科大ボート部はそんな黒崎を、オリンピックを狙える有望新人と注目しており、黒崎は熱心な勧誘を受け、入部した。

大学にボート部が作られたのは一九五七年のことである。東京大、早稲田大、慶應大のボート部が五〇年以上の歴史がありオリンピック代表を多く出していることに比べると、東京医科歯科大には歴史がない。まさに、「新参者」だ。

しかし、東北大より招いた尾崎進の熱血指導によりみるみる強くなり、六〇年ローマ大会の代表選考会ではあと一息、というところまで善戦し、関係者はおおいに悔しがった。もっとも、黒崎はそんな経緯があったことを知らない。黒崎に話を聞いた。

「医科歯科大のボート部が強いこと、いや、六四年に東京オリンピックがあることさえも知らなかったし、出ようなんて思いつきもしませんでした」

ボート部はオリンピック東京大会を目指して強くなるために、尾崎から後任を推薦してもらい、兒島《こじま》伊佐美がコーチに就任する。当時のボート部には主力となる選手が少ないこともあって、兒島はマン・ツー・マンで熱心に教えた。

ただ、練習環境に恵まれているとはいえなかった。教養部のある国府台《こうのだい》キャンパス（千葉県市川市）近くの寺や農家の納屋などを借りて部員全員が雑魚寝をしていた。朝五時に起床して八時まで、夕方は大学から戻って陸上トレーニングに励んだ。学年によって授業や実習の時間帯が異なるので部員がなかなか揃わなかったが、レースのシーズンになると、戸田のボートコース近くの民家を探し、そこで合宿を行っている。

「大学に入りたての頃は筋肉がついていなかったが、兒島さんに鍛えられました。国府台のキャンパスの松の木に吊したロープを登ったり、近くの里見公園脇の坂のダッシュを繰り返したりしたことで、腕力、足の筋力が相当つきました。また、当時はまだおおらかな時代で、練習に疲れて授業や実習をすこしサボっても後で挽回できれば許されるところがあった。今は出席が厳しくなって、すこし窮屈な感じで余裕がないと思います」

オリンピック開会式では選手は背の高い順に並んでおり、黒崎は男子二列目の最も内側で行進した。レースでは予選五位、敗者復活戦では完敗し、決勝へは進めなかった。

「出走クルーの情報がまったくなかったので、自分のペースで漕ぐしかなかった。日の丸を背負ってという感じはなかったですね。開会式は待たされたという印象はありますが、天気が良く入場行進はとても良い気分でした。二〇二〇年大会は七〜八月に開かれますが、暑い盛りに試合をするのは大変でしょうね。もっと涼しい季節、十月にやればいいのに」

黒崎は大学卒業後、大学院を修了して研究者となり、東京医科歯科大教授、同大歯学部附属病院長を務めた。ペアの相手だった向後は、のちに北海道大歯学部教授となった。コーチの兒島はのちに東京電力副社長、日本原燃社長を務めた。

これまでオリンピックに出場した医学部、歯学部の学生は少ないが、珍しいというわけではない。ボート競技では五六年メルボルン大会に出場した慶應大医学部四年の比企能樹《ひきよしき》がおり、当時をこうふり返っている。

「実は、私のオリンピック出場を許可するかどうか、医学部の教授会で問題となっていたそうです。なぜなら、出席日数が足りないからです。教授会の大勢としては、『もし行くなら留年させろ』という意見が多かったようですが、その場で、当時の学生部長であり、薬理学の教授であった西田先生の『行かせましょう』の鶴の一声で私は晴れてオリンピック代表になれました」（慶應大弁論部エルゴー会（OB会）会誌『ERGO』四八号　二〇一七年四月）

ところで、オリンピックのボート競技と歯学部はなぜか縁がある。

七六年モントリオール大会のボート競技では、東京医科歯科大歯学部学生だった俣木志朗《またき》が出場している。その二〇年後、九六年アトランタ大会では新潟大大学院医歯学総合研究科の大学院生、小日向《おびなた》謙一が、軽量級ダブルスカルで出場した。

二〇〇〇年以降、オリンピックに出場した医学部、歯学部の学生、出身者は現れていない。

二〇一九年獨協医科大医学部に入学した朝比奈沙羅は、女子柔道で世界選手権を制覇したことがあり、二〇年東京大会を目指していたがかなわなかった。また、ラグビー日本代表、ワールドカップで活躍した福岡堅樹（筑波大出身）は、一六年リオデジャネイロ大会で七人制ラグビー代表となった。彼は医学部を目指し、二〇二〇年東京大会の出場を断念した。

六八年大会出場の同志社大選手を訪ねる

一九六四年東京大会以降、学生とボート競技の親和性は保たれただろうか。

六八年メキシコシティー大会のエイト代表は、六四年東京大会のようなピックアップクルーではなく、全日本選手権大会が代表選考会を兼ね、優勝クルーがそのまま選ばれた。優勝したのが同志社大である。出場者を訪ねた。

エイトの「整調」（ストローク。船尾に最も近い漕手）だった清水正俊は、高校時代からの経験者である。四八年三重県生まれ。県立津高校時代にボートで国体に出場している。

六六年、同志社大商学部に入学した。ボート経験者ですぐ通用すると思っていたが、一軍になるとスピードについていけずオールを腹にぶつけ水上に投げ出されてしまった。これを「腹切り」と呼ぶが、このことで清水は鼻をへし折られてしまった。そこで、さらに体力をつけ、優れた漕法を身につけていく。清水はこうふり返る。

「ボートはリズムとスピードが大切です。八人のオールがぴったり合って足の裏でスピードを感じる。それを皆で共有化した時、気持ち良いスピードとリズムを瞬間、瞬間で体感できるわけです」

エイトの「バウ」（船首に最も近い漕手）だった新井喜範はそれをこう表現している。

「何か別の世界に入るという感じでしょうか。漕いでいてネガティブな要素が消えリズムが合う。メンバー全員が足の裏で感じた力を共有化した瞬間、速くなる楽しさを覚えました」

新井は大学からボートを始めた。四八年石川県生まれ。県立金沢泉丘高校から同志社大商学部に進んだ。練習では筋力アップに取り組み、トレーニングに耐え、フィジカル面でメンバーに肩を並べ、大学三年になってエイトに加わる。

メキシコシティー大会本番。同志社クルーは予選で敗退する。清水、新井はこうふり返る。

「レース会場が標高二三〇〇メートルの高地にあり、練習時から息苦しくリズムどころではなかった。高地トレーニングもなく、レース艇到着は遅れ、ぶっつけ本番に近かった」

清水が話す。

「僕たちの前のレースで選手が倒れ、途中棄権者が相次ぎ、不安が募ってきた。そして本番では七〇〇メートルほどで離され、オールは重くなり、心臓は破裂しそうでした。国内では敵なしでいつも先頭を切り、追い抜かれたのは初めての経験で、追いつくにはどうしたらいいのかとパニックになってしまいました」

清水、新井は大会中、選手村で多くのアスリートと遭遇した。二人は懐かしむ。

「マラソンのアベベが娯楽室に入ってきた時オーラが広がり、そこにいた選手が一斉にふり返りました」（新井）

「チェコスロバキアのチャスラフスカの凜とした美しさは忘れられません。母国がソ連に侵された状態にあるのに」（清水）

帰国後について、清水はこうふり返る。

「大会が終わり、残ったメンバー六人と新メンバーは猛練習に耐え、六九年に全日本二連覇を果たし溜飲を下げた。屈辱と復活である。だからメキシコのことは二年にわたる」

清水は大学卒業後、就職先でボート部創設を打診されたが固辞する。「ボートから離れ、自分の力で仕事を切り開いていった。今ふり返るとオリンピックの体験が大きい」と話す。

一方、新井はこう述懐する。

「僕はボートを始めて二年三カ月でオリンピックに出られた。厳しい練習に耐えた者に与えられる『幸運』だったのかな」

学生が一つの種目でチームとしてオリンピック代表となったのは、六八年メキシコシティー大会のボート競技が最後といっていい。その後、学生がエイトで出場することは少なくなり、シングルスカルなどでも学生より社会人が代表に選ばれるようになった。

ただ、大学からボートを始めた選手は少なくない。そのため、私立大学のボート強豪校だけではなく、国立大学の学生、卒業生からオリンピック代表が次のように出ている。

七六年モントリオール大会＝東京大、鹿児島大、東京医科歯科大。八〇年モスクワ大会（日本はボイコットしたが代表は選出）＝佐賀大。八八年ソウル大会＝富山大。九二年バルセロナ大会＝富山大。九六年アトランタ大会＝新潟大、愛媛大。

九六年大会に出場した武田大作は七三年生まれ。愛媛大の大学院生だった。その後、二〇〇〇年シドニー大会、〇四年アテネ大会、〇八年北京大会、一二年ロンドン大会と五回連続出場している。

男子バスケットボールは学生が奮闘

オリンピックでは、今では想像できないほど学生が健闘した競技がある。その一つがバスケットボール（男子）代表だ。時計の針を一九五〇年代、六〇年代に戻し、当時、代表選手を送り出した大学を見てみよう（数字は学生と卒業生の合計、カッコ内は学生の数）。

五六年メルボルン大会＝立教大六（二）、明治大三（一）、東京教育大（筑波大の前身）一（一）、慶應大一。

六〇年ローマ大会＝立教大六（一）、東京教育大二（一）、明治大二（一）、慶應大一（一）、早稲田大一。

六四年東京大会＝明治大三（二）、立教大三、日本大二（一）、東京教育大一（一）、明治学院大一。

五六年、六〇年の両大会では、立教大の前田昌保コーチが日本代表を率いており、メンバー構成は立教大中心となった。当時、立教大はやたら強かった。全日本大学バスケットボール選手権大会で五二年、五四年、五五年、五八年、六一年、六二年に優勝している。これは、「体育会推薦入学」というスポーツ推薦制度によって有望な選手が活躍していたことによる。

たとえば、五五年のバスケットボール部入部者について、当時の四年生（荒井洵哉、加瀬正巳）、ライバル校コーチ（東京教育大、吉井四郎）がこう語っている。

「荒井　僕らが四年の時の一年生が、あの時、日本の五十何人ですかね。五十四、五人いて、それが各地方のトップクラスが全部入っていた。

加瀬　あの時、高校界の上から数えて十三人全部がいた。（略）

吉井　大学、実業団を含めて、その当時のチームでは相対的に、人の能力からいったら、死ぬまでに一回くらいこんなチームを持ってみたいなという感じのチームだったね」（『立教大学バスケットボール部　創部60周年記念誌』一九八五年）

実際、立教大には粒選りの選手が集まっていた。なかでも五五年入学組の奈良節雄の技量は突出しており、五六年メルボルン大会に出場、卒業後も六〇年、六四年と三大会続けて出場した。当時の学生新聞には奈良はこう紹介されている。

「立大に入学してわずか二年、チーム中一番若く十九才で代表に選ばれた幸運児だが、今日の栄冠も中学時代からつちかわれていたのだ。非常に真面目な選手で前田コーチにいわせると、『若いが日本人ばなれしたバネと当りをもち外国人の間でもひけをとらない。』そうだ」（『立教大学新聞』一九五六年十月二十八日）

立教大は「体育会推薦入学」でスポーツ強豪校となった五〇～六〇年代、野球、ハンドボール、バレーボール、サッカー、アメリカンフットボールなどで大学日本一になっている。東京六大学野球で活躍した長嶋茂雄（一九五四～五八年在学）も「体育会推薦入学」組で、野球部セレクションに八〇人が集まったなか二位で合格した。甲子園に出場していない無名校（千葉県立佐倉第一高校）からの入学だった。なお、長嶋は二〇〇〇年アテネ大会で野球代表の監督に決まっていたが、予選大会直前に病気で倒れ、オリンピックで指揮することはできなかった。

六四年オリンピック東京大会のサッカー代表には学生の横山謙三（のちに日本代表監督）、卒業生の鈴木良三（浦和西高校時代に全国優勝）が選ばれている。

しかし、立教大は七〇年度入学を最後に、「体育会推薦入学」を廃止する。それから四〇年近く経った二〇〇八年、「アスリート選抜入試」を導入した。この入試によって入学した立教大生に、オリンピック出場が期待されている。

体操が強かった東京教育大

「お家芸」「体操ニッポン」と称賛された体操競技を引っぱってきたのは、日本体育大（旧・日本体育会体操学校）と東京教育大（旧・東京高等師範学校、旧・東京文理科大）である。

オリンピックに体操で初めて代表を送った一九三二年大会から六〇年大会まで、日本体育大は一九人、東京教育大は一四人の学生、出身者を輩出した。六四年大会以降、今日までは日本体育大が圧倒的強さを誇っている。

このなかで最も傑出した選手は東京教育大の小野喬であろう。五二年大会から六四年大会まで四回連続出場しており、金五、銀四、銅四のメダルを獲得した。当然、小野は日本中から大いに注目された。だが、それはメダルの数だけではなかった。私生活で話題を提供したからである。

一九五八年、小野は体操選手の大泉清子と結婚した。小野は秋田県出身で県立能代南高校から五〇年に大学へ入学している。在学中、五二年ヘルシンキ大会に出場した直後に彼は、模範演技を行うために山形国体に出向いていたところ、同郷で県立秋田北高校の女子選手に出会った。それが清子だった。

「妻はそのときのことを思い出してこういう。

『友だちに、〝あの人がオリンピックの代表になった小野さんよ。〟といわれ、まるで体操の神さまを見るような別世界の人のような気持ちだった。』

わたしは彼女の演技を見て将来性があることを知り、伸ばしてやりたい欲望にかられた。帰京してもなぜか心に彼女のことが残った。山形国体の批評と写真をそえて送った。わたしの心に、彼女は行きずりで別れてしまうには、なにか忘れられないものを植えつけていた。

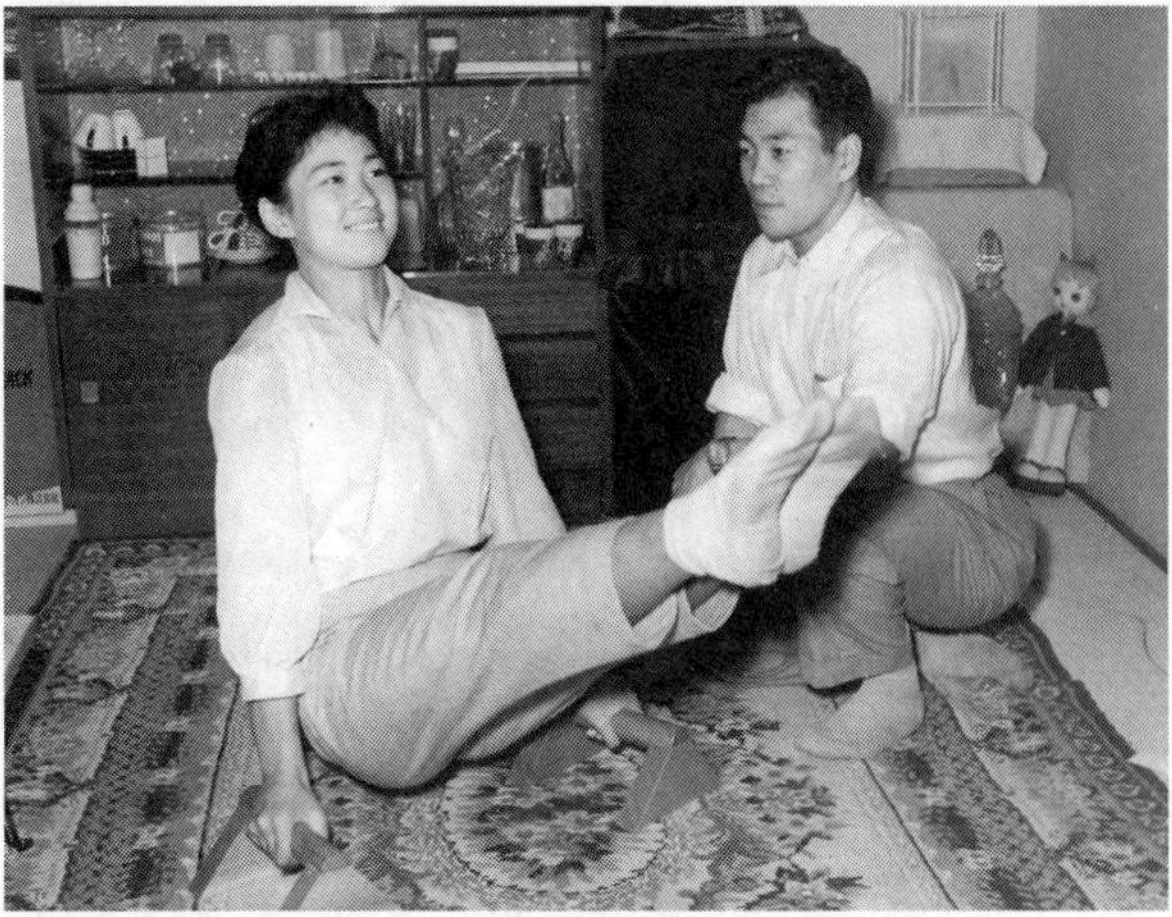

小野喬・清子夫妻。1959年９月（写真提供：共同通信社）

（略）清子は先輩に対するような気持ちでつきあっていたようだが、いつのまにか、親しみからふたりは結婚するのが当然というような気持ちになっていた」（小野喬『負けじ魂！鉄棒の鬼といわれて』講談社　一九六五年）

小野は清子に東京教育大進学をすすめ、一九五四年に入学する。小野清子はこうふり返っている。

「インターハイ個人総合の１番、２番、４番、そして６番の私、他に２名の選手が同時入学、入部したのです。10位以内に入っている選手ばかりが入学したものですから、私たちが入った年にできた教育大女子体操部が、その年のインカレで優勝してしまったと、その結果に皆で驚き喜んだものです」（日本オリンピッ

ク委員会ウェブサイト「Japanese Olympian Spirits」シリーズ第四回 小野喬・清子）

一国立大学が高校生のトップアスリートをここまでごっそり受け入れていたのには驚かされる。スポーツ推薦制度がかなり柔軟に運用されていた、言葉を変えれば、それほど厳しくなく緩やかだったと言える。六四年東京大会の体操競技で多くのメダルを獲得するために、東京教育大体操部をエリート養成機関と位置付ける見方も当時はあった。今、ここまで集めることができるのは、日本体育大が一番、二番ならば早稲田大だろうか。

東京教育大学で小野喬と清子は学年が重なっていない。小野喬は同大学を卒業し、慶應大に編入学していた。今、東京教育大を引き継いだ筑波大、そして慶應大のウェブサイトいずれにも、大学OBとして小野喬がオリンピック金メダリストとして紹介されている。

一方、小野清子は大学を卒業して六〇年ローマ大会に出場後、二人の子どもを産んだのち、六四年東京大会でも代表となった。のちに、政界に進出し、二〇〇三年、第一次小泉第二次改造内閣で国家公安委員会委員長、内閣府特命担当大臣（青少年育成及び少子化対策担当）などを務めた。

東京教育大から筑波大へ

一九六〇年代後半から、東京教育大体操部は日本体育大の勢力におされてしまい、オリンピック代表の輩出数は減少する。そのなかで、奮闘したのが、加藤沢男だった。一九六五年、新潟県立新潟南高校から東京教育大へ入学し、大学四年のとき、六八年メキシコシティー大会で代表の座を摑む。以後、七二年ミュンヘン大会、七六年モントリオール大会に出場し金八、銀二、銅二のメダルを獲得した。大学在学中は体操の練習の合間に授業に出るといった日々だった、と加藤はふり返る。

「大学三年、四年の頃は大学紛争が激化して、教育大もご多分に漏れず、ロックアウトされて授業はできず、僕らの体育学部も閉鎖されてしまった。そんな中でも目の前にはオリンピックがぶら下がっており、ムキになって練習していました。四年時は教育実習から帰ってからも延々と練習しました。体育学部の連中は学生運動に意外とそっぽを向いていたんですが、いよいよ身近に迫り現実練習ができない破目に陥ると、体操部に限らず、彼らから学校を守る側に立ちました。メキシコから帰って来た時はまさにあの新宿騒乱でした」（日本オリンピ

アンズ協会ウェブサイト）

一九六〇年代後半の大学闘争はオリンピック代表の学生にとっても無関心ではいられなかった。前出の同志社大ボート部も学生のストライキ、キャンパスの封鎖に遭遇しており、その分、悩みながらも練習に打ち込んだと回顧している。

当時、東京教育大は東京大と並んで激しい闘争が行われ、授業どころではなかった。「学校を守る」とは、練習するために大学側に立って闘争の収拾を図ったということだろう。

一九六〇年代後半から七〇年代前半にかけて、大学闘争が激しくなった。その影響で、六九年、東京大の入試が中止となる。東京教育大で全五学部（文、教育、理、農、体育）のうち四学部でも入試が中止になったことはあまり知られていない。唯一、入試を行ったのは体育学部だった。当時、体育学部でこんな意見が出たと伝えられている。将来のオリンピック代表になるような有望な高校生を受け入れないのは、東京教育大にとっては大きな損失になる。入試中止は絶対に避けるべきだ――。

東京教育大は「教育」という名称がついているが、全国の国立大学にある教育学部、東京学芸大、愛知教育大、京都教育大、大阪教育大のように地域の小中学校、高校に教員を多く送り込んでいたというわけではなかった。公務員、マスコミ、商社、銀行、メーカーなどに就職した者もいる。五学部のなかでは体育学部の教員就職率が最も高い。毎年、八割以上が中学、高校の保健体育科教員となっている。全国の小中学校、高校の保健体育科教員は日本体育大、東京教育大出身の二大勢力に分かれていた。

一九七〇年代前半、東京教育大はその役割を終える。七三年に教育、農の二学部、七四年に文、理、体育の三学部の入試を最後に募集停止となり、一九七四年年に筑波大に生まれかわった。だが、体操は東京教育大時代の栄光を引き継ぐことはできず、オリンピック代表はきわめて少ない。筑波大が得意だったのは柔道、陸上、バレーボールだった。とくに柔道はメダルラッシュが続いた。

一九八四年　野瀬清喜（銅）
一九八八年　田辺陽子（銅）、山口香（銅）
一九九二年　田辺陽子（銀）、岡田弘隆（銅）　坂上洋子（銀）、立野千代里（銅）
一九九六年　田辺陽子（銀）、菅原教子（銅）
二〇〇〇年　楢崎教子（旧姓菅原）（銀）
二〇〇四年　谷本歩実（金）
二〇〇八年　谷本歩実（金）

二〇一二年　平岡拓晃《ひろあき》（銀）
二〇一六年　永瀬貴規（銅）

第六章

一九六四年東京大会
オリンピック秘話 ①学生通訳編

不足した通訳者

オリンピックは大学の協力なしに運営することはできない。一九六四年東京大会でオリンピック東京大会組織委員会（組織委）は痛切にそう感じたことだろう。通訳が圧倒的に不足していたからである。

大会期間中、競技進行を補助するにあたり、外国人選手や観光客に対応するためには、外国語を話せる人材が大量に必要となった。だが、現在と違って、当時は語学に堪能な日本人が多くない。そこで、組織委は大学を頼りにする他なかった。

六二年、組織委は通訳養成計画を立てている。次のような方針だった。

(1)競技運営のための通訳は長期的な訓練を必要とすることから、比較的時間にゆとりがあり訓練に向けた統括も容易な大学生を対象とすること。

(2)競技運営以外の、選手村等に配属される通訳は、大会年度に語学力の高い者を一般公募すること。

こうして大学生にも通訳を任せることが決まった。募集方法、養成形態で①学生通訳、②

一般通訳と分けられていた。

①学生通訳は日本オリンピック委員会（ＪＯＣ）から委嘱された一八の大学から選ばれている。英語と仏語が対象となり、大学ごとに競技が割り当てられた（一二六頁の表3）。組織委が一八校を選んだ理由は不明だが、国公立と、私立では文学部系で難易度が高いところが選ばれたようだ（一三六頁の表4）。六三年五月ごろから、通訳養成が始まっている。

②選手村運営などをサポートする一般通訳は、新聞などの広告で募集が行われた。英仏独西露の通訳が求められ、約七五〇〇人の応募があり、採用試験で九〇〇人が選ばれた。大会直前になって通訳が足りなくなり、急遽、在日大使館員や大学教員のツテで試験なしで採用された学生も少なくない。

競技の素人

ここでは、学生通訳を中心にどのような仕事をしたのか見てみよう。

六三年に入ってから各校ごとに学内公募が行われ、学生通訳が決まった。七月、学生通訳

表3　オリンピック東京大会組織委員会に委嘱された大学と、学生通訳が担当する競技および人数

大学	競技	英語		仏語		総数
		男	女	男	女	
青山学院大	陸上競技	22	9			31
お茶の水女子大	バレーボール				5	5
学習院大	バスケットボール	5		4		9
	体操				14	14
慶應義塾大	ボート	3	3	5	5	16
国際基督教大	水球、水泳		11		3	14
	馬術	5	5	5	5	20
上智大	自転車	6		10		16
	フェンシング		3		15	18
成城大	ホッケー	7	8			15
津田塾大	バレーボール		10			10
東京大	近代五種			5		5
東京外国語大	ボクシング	6		2		8
	サッカー	18		3		21
東京教育大	柔道	7		8		15
東京女子大	ヨット		12			12
東京都立大	ウエイトリフティング	7	2	1	2	12
日本女子大	ライフル射撃		14			14
一橋大	カヌー	10				10
明治学院大	クレー射撃	10		1		11
立教大	近代五種	6				6
早稲田大	レスリング	6	5	2	3	16

出典：『オリンピック東京大会資料集　資料編3渉外部』（オリンピック東京大会組織委員会　1965年）

は上智大の語学ラボラトリー（ＬＬ教室）で研修を受けている。十月にはプレオリンピック（東京国際スポーツ大会）で実践の場を設け、六四年になると、全体講習会を開いて会話力の強化に努めた。八月には静岡県御殿場市にある国立中央青年の家（現・国立中央青少年交流の家）で研修合宿を行っている。

この合宿に参加した成城大の女子学生がこうふり返っている。

「日本人には勝手の違う『Ｙｅｓ』『Ｎｏ』の違いや二重否定を徹底的に教えられた。『interpreter（通訳者）であって、interrupter（邪魔者）になるなって』とクギをさされた」（『成城学園同窓会だより』二〇一七年春号）

学生通訳は外国語にはある程度、自信がある。しかし、競技の知識はまったくないという学生が多かった。東京女子大の学生通訳は担当するヨット競技について、大会の五カ月前から毎週日曜日に専門家から教えを受けた。当時、文理学部四年の和久井照代がこう記している。

「来週迄にヨットの部分名を覚えてくる事とか、船と風との関係について予習してくる事とかいって私達が質問を見つけてきて先生に答えていただくという形で勉強し、お天気の良い日には実際にヨットに乗せていただき、少しは操縦も覚えた」（東京女子大『学報』一九六四

年十一月二十五日）

オリンピックを機に通訳者の道へ

いよいよオリンピック本番である。学生通訳三一人を送り出した青山学院大の大木金次郎学長はこう檄を飛ばした。「大学を代表するのだという気概でがんばってほしい」

学生通訳の経験者に話を聞いてみた。国際基督教大教養学部二年の長井鞠子は宮城県の宮城学院高校出身。高校時代、AFS（American Field Service）でアメリカ留学の経験があり、英語が得意だったので、LLなどを使った語学研修のレベルはやさしく思え、とても楽な内容だった。長井は水泳を担当した。事前に研修として水泳日本選手権大会に出かけ、競技に関する基礎知識を学んでいる。東京大会で、長井は選手を紹介する放送を担当した。こうふり返る。

「第一のコース○○選手、のあと、わたしが、The first lane～と英訳します。難しくはなかったですが、当日になって選手のリストが渡されたので、名前を読む時にどう発音したらいいか悩みました。競技スタッフもわからない。その国の人から聞くなどして何とか調べられましたが、これには苦労しました。また、大会のＶＩＰ席の近くで立って待機し、何かあったらとんでいったものです。この間、大学は欠席しましたが、教員が、学生通訳は意義がある仕事として出席扱いにしてくれたのでしょうか。まだ、おおらかな時代でした」

当時、長井は東京都三鷹市のキャンパス内にある寮に住んでおり、そこから電車で競技場に向かった。オリンピック関係者だけが着られるブレザーを身につけることが誇らしかった。

専用ブレザーを着た学生通訳 長井鞠子
（1964年当時・本人提供）

現在、長井は、サミット（主要国首脳会議）など国際会議の同時通訳として活躍する。

「今の仕事の原点はここにあります。世の中では重要なことが起こっていて、そのど真ん中に通訳として自分が関わっている。そんなすばらしい仕事ができるのは、オリンピックの通訳経験で良いモチベーションをもらったからです」

学生たちは世界を見た

青山学院大文学部三年の設楽淳二は陸上競技を担当した。フライングした選手に対し、スターターが与える注意を通訳して伝える仕事だった。どの競技も一次・二次予選、準決勝、決勝があり、設楽は何度もスターター、選手間を駆け回った。

「スタートはおびただしい数に上りました。そのすべてに通訳として付き添ったので大変だったはずですが、若かったせいかほとんど疲れは感じませんでした」(『青山学報』二〇一八年八月号)

早稲田大教育学部四年の牛島由美子はレスリングの場内アナウンスを担当した。日本選手が好成績をおさめ、一六種目で金メダル五個、銅メダル一個を獲得している。牛島はマイクを握っていても、なかなか冷静ではいられなかったようだ。

「審判長の横で、マイクを前にして、大声で応援もできず、通訳としても、日本選手にだけ加勢するのもはばかられた。できるだけ冷静にと思いながらも、試合結果のアナウンスでは、日本選手が勝てば声がはずみ、負ければ声の沈むのを抑える事はできなかった」(『早稲田学

報』一九六四年十二月号）

日本女子大文学部四年の阿川登志子は、オリンピックが世界をつなぐことを実感し、大会直後にこう記している。

「私は見たのだ、アメリカとソ連の選手の友情交換を、アラブ連合とイスラエルの選手の握手を、モンゴリアの選手と日本人役員の手まね足まねのほほえましい光景を」（日本女子大英文学会　一九六五年）

猥談やディスコ通いも

成城大文芸学部三年の橋本侃は香港のホッケー選手の面倒を見ていた。競技場へ送迎するバスの中で、はじめは何を話していいか、どんな対応をすればいいのかわからなかったが、すぐに時が解決してくれた。橋本は大学新聞に手記を綴っている。

「そのうちに、互にその人となりがどうにか解り始めると底抜けにあけっぴろげに、ピンからキリまでの話が出来るようになりました。大学でシェイクスピアを研究した男とオセロについて話し合ったと思うと、監獄の看守や巡査さんと、東京の夜を語りました」（『成城大学

新聞』一九六三年十一月十五日号）

東京外国語大外国語学部二年の河内道宜はルーマニア選手団を担当したが、英語がほとんど通じなかった。こう述懐する。

「はっきりと思い出すのはバスの中で猥談（笑）。その内容は、言葉はいくら彼らが言って僕も分かるわけじゃないんだけど、身振り手振りで分かる。それで『分かった』とニヤっとすれば向こうも『あ、通じた！』と思って喜んでいるわけ。あれは気分転換でもあるんだろうね。試合の緊張から解き放たれて皆で馬鹿話をしているわけだよ」（『東京外語会会報』二〇一六年六月一日号）

慶應大経済学部四年の島田晴雄の回顧には驚かされる。

「印象深かったのは、インドネシアの選手団を迎えた時、スカルノ大統領のやり方をアメリカが批判し、選手団は機内にとどまったまま一日過ごし、日本の土を踏まずに帰った時でした。見送る私の眼から涙が止まりませんでした。（略）選手村では体操界の華と言われたベラ・チャスラフスカ選手とディスコでダンスをしたのも貴重な思い出です」（『三田評論』二〇一三年十一月号）

インドネシアの東京大会不参加、チェコスロバキア代表で女子体操の金メダリストとの遭遇。一大学生が歴史の証人となった。のちに、島田は慶應大経済学部教授を経て千葉商科大学の学長を務める。

フランス語通訳者たちの回想

上智大外国語学部フランス語学科の学生だった四人に当時をふり返ってもらった。一九六一年に入学した四年生である。庄司和子、大西偕子、諏訪なほみはフェンシング競技専門、白砂文子は競技場で通訳を担当する。

庄司は雙葉高校出身で、中学からフランス語を学び、大学受験もフランス語で受けている。

「事前に研修会があって、フェンシングの専門用語、オリンピック、一般常識について勉強しました。今のようにさまざまな情報が入ってくるわけでもなく、環境が全然違っていましたが、一生懸命、通訳をしました。場内アナウンスで日本語、フランス語で案内をしましたが難しくはなかったです。選手村で知り合ったフランス人と手紙のやりとりをして、それから何十年も付き合いが続き、フランスに行った時には泊めてもらうなど、家族ぐるみでお付き合いしたのが印象に残っています」

大西は神奈川県の捜真女学校出身。英語が好きで、英語のルーツのあるヨーロッパの中心の言語であるフランス語を学びたかったため、大学から始めた。

「戦後一九年たった日本はオリンピックを成功させようと一丸となり、頑張っていましたが、一方でみんなやさしかった。通訳で困ったことがあれば助け合い、失敗しても励まし合っていました。外国人は、私たちの拙いフランス語をわかろうとしてあたたかかった。なぜか、『憧れで航空会社に入ったりしないで、ちゃんと勉強しなさい』と言われたのを今でも覚えています。緊張の連続で三キロやせましたが、勉強したことが役に立ったことは本当に嬉しかった。人生の宝物ですね」

諏訪は横浜雙葉高校出身。オリンピックの選手紹介や式典で使われるフランス語については発見の連続だった。

「たびたび研修を受けましたが、放送はぶっつけ本番のことが多かった。当時日本ではフェンシングはポピュラーでなく、放送するにしても原稿のひな形がないのです。私たちはオリンピックの基本的な放送用語なども知りませんでした。国歌斉唱のとき、voici（「ここに○○がある」の意）のあと、○○国歌と続く。こんな使い方があることにも驚いた。想定外の放送依頼があり戸惑うことや間違えたこともあったが、目くじらをたてられるようなことはなかった。これらの思い出は今も心の糧となっています」

上智ブランドの誕生

白砂は都立小石川高校出身である。同校は大学受験に際し浪人が多い。白砂は東京外国語大を目指して浪人しようとしたが、親が許さなかった。

「でも、上智大は楽しかった。勉強は相当たいへんで、朝八時三〇分になると教室のカギが閉まるような厳しさがありました。競技場では英語の通訳をしていました。受付に待機して困っている人がいると案内するわけです。当時はフランス語の通訳の仕事は少なく、英語を話せる人も少なかったので、私たちのような外国語学部の学生が競技場を走り回っていました。会場で他大学の学生と多く知り合うことができて楽しかった。開会式と閉会式に出て、マラソンのアベベと円谷、バレーボールの東洋の魔女の金メダルは目の前で観ました。この期間、授業を休ませてもらいましたが、出席扱いになったようです。大学も応援していましたから」

上智大外国語学部は一九五八年に設置されており、六四年東京大会の時は開設七年目だった。しかし、当初から難易度が高く、文学部系で早慶を凌駕《りょうが》していた。

当時、東京大合格上位校だった日比谷、西、新宿、戸山、小石川など都立トップ校、そして、白百合学園、聖心女子学院、雙葉学園、フェリス女学院などのミッションスクールの成績トップ層が上智大に集まった。東京大合格間違いなしと言われた生徒が上智大を選ぶケースもあった。六四年東京大会を控えて、日本はグローバル化が進み外国語が必要になる、上智大はネイティブの教員による語学の授業が整っていると、東大や早慶よりも評価されたの

表4　1962年度入試難易度　私立大学　文・教育・外国語系統

順位	大学（学部）	合格者平均点
1	上智大（外国語）	118
2	早稲田大（文）	110
	慶應義塾大（文）	111
4	青山学院大（文）	108
5	早稲田大（教育）	103
6	上智大（文）	102
7	立教大（文）	103
	学習院大（文）	96
9	同志社大（文）	95
10	明治学院大（文）	89
	共立女子大（文芸）	94
12	関西学院大（文）	91
13	西南学院大（文）	94
	日本大（文理）	99
	南山大（文）	97
16	成城大（文芸）	92

出典：旺文社『螢雪時代』（1962年8月号）。模試で英語、国語受験型。順位は模試の結果などから旺文社が独自に算出したものであり、合格者平均点が高いほうが上位とは限らない

だろう。東京のど真ん中にキャンパスがあり、チャペルがあるミッション系ということも、人気を集めた要因だったようだ。

六四年大会以降、「上智の外国語」はさらにブランド力を持つようになり、大学全体が底上げされ、一九七〇年代以降、大学入試では「早慶上智」という難関校グループが確立していく。

素顔の東西ドイツ統一選手団

一般通訳で、急遽、ドイツ語を担当することになった学生に話を聞いた。

東京外国語大外国語学部ドイツ語学科一年の酒井邦弥は、ある日、教授から声をかけられた。

「大会開会直前の九月、『おまえ度胸があるから通訳をやれ』と言われました。研修はいっさいなく、ぶっつけ本番です。ドイツ選手の買い物に同行したり、ビヤガーデンに連れて行ったりしました」

当時、ドイツは東西に分かれていたが、六四年大会は統一選手団で参加している。冷戦の時代、政治的、思想的な違いがある両国の選手はどんな様子だったのだろうか。

「何か難しい問題が起こるかなと思ったが、東西の選手はお互い非常に仲が良かった。帰国すれば交流は難しいからでしょうか、いつも一緒に行動して笑顔が絶えなかった。これが若者のすごさだと、彼らを見て私はとても感激しました。東ドイツ選手のほうがややまじめという印象でしたね」

酒井は新宿、渋谷などの百貨店に彼らを連れて行き、商品の説明や買い物の手伝いをした。

「西ドイツ選手は商品を見て、何が良いか悪いかの違いがわかる。観光客が興味を示すような高価な土産物を手に入れていました。東ドイツ選手は何でもOKという感じで、とくに万年筆やノートなど文房具をたくさん買っていました。彼らが共通して強く関心を示していたのが、東海道新幹線です。そして、戦争に負けた日本、東京がこんなにきれいになったのかと感心することしきりだったのが印象に残っています」

酒井はのちに、みずほホールディングス副社長を経て、二〇一〇年に神田外語大学学長に就任した。現在、同大学のキャリア教育センター長を務める。

パラリンピックでのボランティア通訳

東京パラリンピックでは、青山学院大、慶應大、日本女子大、早稲田大などの学生がボランティアとして通訳を担当している。

青山学院大文学部の稲田睦子はESSの先輩から日本赤十字社による通訳のボランティア活動を紹介された。この年の四月にボランティア活動の結団式が行われ、アメリカ軍家族が住む家に毎週、通って英会話を学んだ。七月には相模湖のユースホステルで英会話、車イスの操作、脊髄損傷の方が備えている器具の扱い方などの研修を行っている。大会期間中は、毎日、選手村に出かけて競技場への誘導、日常生活の補助、買い物や観劇などの同行をしていた。稲田はこう記している。

「日本赤十字の橋本祐子《さちこ》課長からは、『大いにカルチャーショックを受けなさい』と言われていました。明るくてオープンな性格、ハグをする習慣にもショックを受けましたが、なによりも、選手の皆さんが仕事を持っているという事実に非常に驚かされました。日本では病院暮らしの方がほとんどでしたので、日本の障がい者の方の境遇と重ね合わせて考えさせられることが多かったです。一人の青少年として素晴らしい経験を得ることができて、かけがえのないものをたくさんいただきました」（「青山学報」二〇一七年八月）

日本女子大家政学部の吉田紗栄子は水泳会場で目にしたシーンは忘れられない。競泳種目でかなり遅れをとってしまった選手が、おぼれそうになるほど懸命に泳いでいる。吉田はハラハラしながら見ていた。係の人が助けに行こうとしたとき、その選手のチームスタッフが「最後まで泳がせてほしい」と制止する。その選手が最後まで泳ぎきったとき、会場には割れんばかりの大歓声と拍手が響きわたった。吉田の心に一生、刻まれることになる。のちに吉田は建築士となり、バリアフリーの家を手がけた。こう回顧する。

「大会期間中は、私たちボランティアも選手村で過ごしていましたので、まさに選手たちとともに生活するという感じだったのですが、それまで私が抱いていた『障がい者』のイメージとは全く違っていました。少なくとも、私が担当したイタリア選手団は、みんな明るくて、聞けば、会社で働いていて、結婚もしていて、と健常者と同じような生活をしているというんです。スポーツもその一つだと。それを聞いて、あまりの日本人選手との違いに、驚きました。私自身、イタリアの選手を『障がい者』として接してはいなくて、みんな名前で呼び合っていましたし、純粋に人と人との付き合いという感じでした。たまたま車いすに乗っているというだけだったんです。

今考えてみると、こうした経験がその後の私にとってはとても重要だったと思います。建築士になって約50年、これまで障がいのある方の住宅もたくさん設計してきましたが、『障がいがあるから』ということが重要ではないと思ってきました。確かに障がいは一つの条件ではありますが、『障がい者』のために作っているわけではなく、『○○さん』のための住宅を作っているんだという考えでやってきたんです。そういうふうに考えられたのは、最初に障がいのある方に接したのが、あの東京パラリンピックでのイタリア選手団とだったからだと思います」（笹川スポーツ財団ウェブサイト「１９６４東京大会を支えた人びと」）

前時代性と先進性

学生通訳に対して、組織委渉外部長はこんな期待を寄せていた。

「ローマ大会の通訳団は全部女性で、各国の代表からたいへん好評でした。スポーツ自体が激しいものですから、こういう時のアシスタントは、やはり女性が、なごやかでいい。ただ、日本の場合、イタリアと同じように、外国語の話せる若い女性がたくさんいてくれるかどう

か」(『朝日新聞』一九六三年五月十三日)

選手が女性に癒やされるような雰囲気を求めて、「なごやか」さを期待している。古くさい固定的な女性観から、この時代の女性の社会的地位の低さがうかがえる。

それでも、六四年大会で学生には当時としては破格の給料が支払われた。学生通訳の給料は一日二〇〇〇円だった。六四年当時、国家公務員初任給は一万九一〇〇円で、二〇一九年は一一倍の二一万一〇〇円となっている。これを当てはめると、学生通訳の日当は現在の額で二万二〇〇〇円だ。大会期間は二週間なので、現在の額で三〇万八〇〇〇円が支給されたことになる。これに加えて、前年のプレオリンピックでの通訳、研修会出席にも同額の日当が出ていた。組織委は通訳という職能に最大限のリスペクトを払っている。

二〇二〇年東京大会の延期によって、登録済みのボランティア一一万人は来年に持ち越しとなりそうだ。この中には学生が多い。今年大学四年生で来年就職する者は、ボランティア参加は困難だ。二、三年生も次年は留学、就職活動などの準備で参加できるとは限らない。ボランティアの再募集は必至だ。一方、新型コロナウイルス感染で景気が落ち込み、失業者の増加が懸念される。JOCはボランティアでなく、期間限定職員として学生を中心に雇用機会を作ったらどうか。そのために国費を使うことに価値があると思う。

第七章

一九六四年東京大会

オリンピック秘話　②裏方学生編

やけ酒をなだめるのもボランティア

第六章に続いて、一九六四年東京大会の秘話を発掘する。

オリンピック東京大会組織委員会（組織委）は大会運営の多くを大学、学生に依頼し、通訳、選手の練習補助、運転手、競技場の観客整理、選手村運営（食堂運営、選手案内、宿舎警備、備品搬入）など、さまざまな分野で学生がアルバイト、ボランティアとして参加している。

国士舘大から約八〇〇人の学生が大会運営に関わっていた。なかでも体育学部では八割の学生が参加していた。同大学の学生は各競技会場で観客が入場する時の整理、選手村での警備などの業務をボランティアとして任されていた。

当時、同大学助手としてボランティアを指導していた国士舘理事長の大澤英雄は、こうふり返る。

「競技場入口ゲート付近には観客が良い席を取ろうと早い者順で集まっていました。混乱しかねません。そこでうちの学生たちが観客に列を作ってもらって、入場するわけです。国士館の学生は当時、寮生活などを通じて規律を学び、集団をまとめる力を備えていましたから。学生はオリンピック参加に誇りを持ち、いきいきとしていました」

学生は補助役員と呼ばれ、揃いの青いシャツを着た。急に頼まれることもあった。「前日になって、選手村で夜間の警備をしてほしいとJOC（日本オリンピック委員会）から言われて、学生を向かわせました。夜、選手村では負けた選手が酒を飲んで大騒ぎする。学生は選手を宿舎まで送り届けたのです。体育会学生でも、体が大きい外国の選手をなだめるのは苦労したんじゃないかな」

補助役員は役割によってユニフォームの色が違っていた。明治大バレーボール部員で補助役員を務めた高橋直樹が次のように話す。

「大会直前にユニホームができあがり全員が試着したのですが、速くも第一の問題として晴れやかなブルーの正役員のユニホームと異なり地味なチャコールグレーのブレザー上下とブルーの作業着型木綿の上着の二通りで総務、渉外関係はブレザー型、施設関係は作業型で施設関係の人に文句を言われたものでした」（『明治大学バレーボール部55年史』駿台バレーボール倶楽部　一九八八年）

一九六三年あたりから、アイビールックが流行している。ブレザー、ジャケットは若い世代には羨望の的だった。オリンピックのスタッフとして赤、ブルーのブレザー着ていることが誇らしく、ステイタスでもあったようだ。それゆえ、作業着型にはがっかりしたのだろう。期間中、大学の授業はほぼ休講となったようだ。

二〇二〇年東京オリンピックでは、大学単位ではボランティアを募集していない。大澤理事長がこう訴える。

「本学をはじめ体育、スポーツ系の学部を持つ大学がオリンピックに参加できるよう、直接、要請してほしかった。大会運営、競技の進め方は私たちも慣れており、さまざまなアイデアを出せます。オリンピック参加は授業だけでは得られない貴重な学びの機会です。一九六四年ではいろいろなところで学生が手伝っていました。今回、組織委から大学単位で参加の呼びかけがなかったのは非常に残念です。アスリート養成において日本は欧米と土壌が違い、学校教育に負うところが多く、大学スポーツの役割は大きい。だからこそ、大学がオリンピックに積極的に関わるべきだと考えます」

大学PRのために国土美化運動

東洋大は大会が始まる前から国土美化を進める運動を通して一九六四年東京大会に関わっていた。

国土美化とは、五〇年代後半から東京を中心に全国へ広がった運動である。この頃、今とは違って、都市部はかなり汚く、炎天下では悪臭が漂うことがあった。こんな報道がある。

「公園も汚い。駅の待合室も紙くずだらけ、行楽客が乗った列車はゴミ箱をひっくり返したよう。なんと言っても公衆道徳が、公徳心が足りない」(『朝日新聞』「天声人語」一九六二年四月十五日)

「歩道はごみの山。通行人のごみのポイ捨てや住民の路上にぶちまけた台所の残り物が散乱」(『毎日新聞』一九六三年七月一日)

この時代を描いた映画『三丁目の夕日』について、街並みがあまりにもきれいすぎるという批評があったが、なるほど、これはかなり汚い。六四年のオリンピックには多くの外国人が訪れる。東京都としてこんな恥ずかしい街を見せるわけにはいかなかった。都は六二年に首都美化運動推進本部を設置して、「首都美化は五輪の一種目」をスローガンに河川浄化、ごみ対策、吸い殻対策を進めるとともに、道路不正使用占拠の追放、街路樹や公衆便所の改良などに力を入れた。

こうした国土美化運動のキャンペーンに関わったのが、東洋大である。

一九六三年、同大学は国土美化を訴えるために、東北遠征キャラバン隊を作り、東北六県をまわっている。その陣容は体育会本部六人、自動車部一五人、吹奏楽部四五人、軽音学部一六人、放送研究会一〇人、奇術愛好会三人、学校代表五人の計一〇〇人だった。大学はこの運動の趣旨をこう説明する。

「国土美化運動も単に国土の外面的美化運動をめざすだけでなく、その深層には道徳的心情、豊かな人づくりを目標にしていると理解し、そこにこの運動の共通性を見出した次第です。このオリンピックによって日本人の人格が大きく評価されると思うと説き、次代の日本を荷負うものが我々若人である以上、当然このような関心を示さざるを得ません」(『東洋大学百年史　資料編Ⅱ』一九九四年)

この企画は財団法人新生活運動協会(一九五六年に鳩山一郎首相の提唱で設立。現在は、公益財団法人「あしたの日本を創る協会」)を中心に大学、各県庁の協力を得て行われたもので、JOCからの委託というわけではない。しかし、国土美化を掲げる風潮が生まれており、JOCも東洋大の取り組みを歓迎していた。一方、それは大学にとって宣伝にもつながったようだ。東洋大は大学史でこう記している。

「……吹奏楽、軽音楽を中心とした公演内容のなかに、東洋大学への理解を深める工夫がなされた。東洋大学のＰＲ活動はこの遠征のもう一つの大きな目的であった」（『東洋大学百年史　通史編Ⅱ』一九九四年）

美化運動については賛否があるだろう。それにしてもずいぶん正直な告白である。ＪＯＣが大学に協力してもらう一方で、大学もＪＯＣを利用したということになる。戦後生まれの団塊世代が大学に入学する前に知名度を高めたかったのだろう。

選手を送迎した大学自動車部の活躍

出場選手に対してはＶＩＰ級のもてなしがなされる。選手が最高のコンディションで競技できるように、滞在期間中は移動、食事にあたっては最大限に安全、安心が保障されなければならない。

選手に万一のことが起こらないよう、組織委は万全を期すことになるが、一九六四年東京大会ではそんな大役を大学生が果たしていた。

組織委は全日本大学自動車連盟関東支部を通じて、都内の大学自動車部に各国の代表選手の送迎を依頼している。東洋大自動車部はその一つであり、大学新聞がこう伝えている。

「自動車部がオリンピックに一役

本学はじめ関東支部加盟大学が十月一日から二十五日まで、協賛自動車会社の乗用車で任務にあたっている」(『東洋大学新聞』一九六四年十月九日)

協賛した自動車メーカーは日産、トヨタ、いすゞ、日野、プリンス、三菱の六社である。

青山学院大自動車部は、日野自動車から運転手派遣の依頼を受けた。選ばれたのは、同大法学部二年の高井尚昭、経済学部二年の蒲谷照彦である。二人はソ連(当時)の選手を空港や選手村から競技場まで送迎した。首都高速道路はまだガラガラで、オリンピック関係者の自動車はフリーパスだった。蒲谷は馬術や重量挙げの選手を乗せた時をこうふり返る。

「空港では滑走路の脇まで進入して選手を乗せたことを憶えています。車は5人乗りですが、重量挙げの選手など体の大きな選手が後部座席に3人座るとずしりと重くて、車体の前が浮きましたよ」(『青山学報』二〇一九年秋号)

高井は自転車の選手を八王子へ、カヌーの選手を相模湖へそれぞれの競技会場に送り届けた。こう思い出を語る。

「通訳などは同乗しないので、会話は身振り手振りです。一度、競技の時間がぎりぎりだっ

たのか、八王子に向かうときに白バイが先導してくれたことがありました。あれは気持ちよかったですね」(同号)

使用したのは五人乗りの「コンテッサ1300」だった。大会後、日野自動車は青山学院大自動車部にこの車を寄贈している。当時の最新国産車で価格は五六万六〇〇〇円だった。気前が良かった。

なぜ、VIP級の外国人の送迎を、免許を取り立ての二十代前半の大学生に任せたのか。都内にある大学の自動車部であれば道に詳しい、外国語も少しは話せる、そして、運転手が不足していたという事情があったようだ。事故を起こしたら誰が責任を負うのか。今ならば、およそ考えられない話である。

選手村食堂は観光・ホテル研究会

各国選手団の食事の面倒を見たのは、選手村食堂である。

ここでも大学生がたくさん働いていた。彼らの業務内容が次のように記録されている。

「使用した食器類、皿台などの跡片づけ、洗浄、食卓の掃除を行なった。これらのサービス

は、各大学の観光部、ホテル部から選抜された学生が担当した」（『第18回オリンピック競技大会公式報告書』一九六六年）

学生たちには業務に関する委嘱状が渡されている。

「委嘱状　○○大学　○○○○　貴君に当委員会のオリンピック東京大会選手村給食業務要員を委嘱する

昭和三十九年一月一日　社団法人日本ホテル協会　オリンピック東京大会選手村給食業務委員会　会長犬丸徹三（注・帝国ホテル社長）」

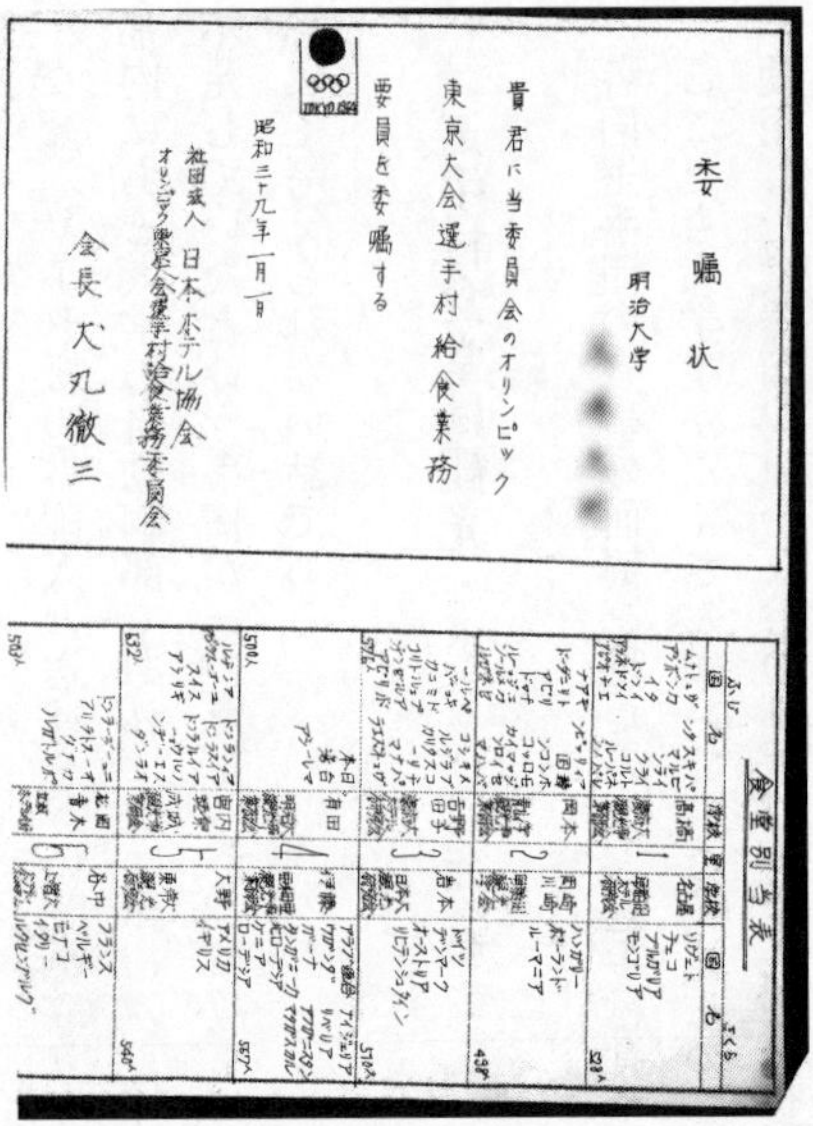

学生たちに渡された委嘱状

選手村食堂は「富士」「桜」と名付けられ、国や地域別に分かれて合計一二室あった。ここに都内の大学の観光事業研究会やホテル研究会の学生が各室に分かれて業務を担った（表5）。

明治大観光事業研究会からは約五〇人の学生が参加している。同大法学部三年の谷口恒明は「キャプテン」として、学生たちがそれぞれの持ち場で働けるようとりまとめていた。こうふり返っている。

表５　選手村食堂で大学サークルが担当した国、地域

食堂	大学サークル	国、地域
富士	慶應義塾大 観光事業研究会	パキスタン、イラン、イラク、トルコ、ベトナム、タイ、カンボジアなど
	慶應義塾大 ホテル研究会	メキシコ、コスタリカ、キューバ、ペルー、チリ、ブラジル、アルゼンチンなど
	青山学院大 観光事業研究会	韓国、フィリピン、モロッコ、リビア、カメルーン、セネガルなど
	明治大 観光事業研究会	日本、台湾、マレーシア
	成城大 観光事業研究会	フィンランド、ノルウェー、スウェーデン、スイス、ギリシャ、オランダなど
	立教大 ホテル研究会	オーストラリア、ニュージーランド、カナダ、ポルトガル
桜	早稲田大 ホテル研究会	ソビエト、チェコスロバキア、ブルガリア、モンゴリア
	早稲田大 観光学会	ハンガリー、ポーランド、ルーマニア
	日本大 観光研究会	ドイツ、デンマーク、オーストリア、リヒテンシュタイン
	亜細亜大 観光事業研究会	アフガニスタン、ナイジェリア、ウガンダ、ガーナ、ケニアなど
	東洋大 観光研究会	アメリカ、イギリス
	上智大 ホテル研究会	フランス、ベルギー、モナコ、イタリア、ルクセンブルク

出所：『選手村食堂業務』から作成

「混雑して人手が足りなくなると、他の食堂に応援を求めるなど、学生をうまく配置できるように調整していました。研修は念入りに行われ、ナイフとフォークの使い方、食器の片づけ方や磨き方などを教えてもらいました。当時、学生の身分では体験できないような西洋式スタイルで、たとえば、バターがいくつにも刻まれて氷の上にのっかっており、いくらでも使っていい。こんな豊かな世界があるのだなと思いました」

当初、日本ホテル協会は学生に無償で働いてもらうつもりだったようだ。これについて、外国人と触れ合う機会はお金に代えられず、貴重な体験になるから給料はいらないという学生がいた。一方、無給というのは話が違う。私たちは授業に出ず朝早くから働くのであり、相応な給料をもらう権利がある。お金が出ないならば辞めさせていただくと話す学生もいた。結局、ホテル協会は学生に給料を払うことになった。無償ではなかったわけだ。

谷口は続ける。

「ホテル協会の人たち、そして全国のホテルから派遣されてきたマネージャーや調理師の方々は、私たちが学生の身で社会的にも未熟なところがあったにもかかわらず、大人として紳士的に接してくれました。社会人の姿勢というものを実学として教えてもらい、人生の良い修業の場になったことに感謝しています」

オリンピック選手村の食堂要員の結団式。東京都千代田区丸の内東商ホール。1964年6月23日（写真提供：時事）

二〇二〇年東京大会において、選手村で働く学生がいるようであれば、しっかり経済支援してほしいと、谷口は訴える。

「選手村に入ると国籍を意識せず、その場の雰囲気に溶け込むことができます。今の学生は自然体で外国人と付き合える強みがあります。それをオリンピックでも発揮してほしい。私たちも食堂運営を通して、内外の選手や役員・スタッフの方々と直接交流の機会を持てたことを誇りに思い、今も語り継がれる学生時代の貴重な思い出となっている。また、ＪＯＣは選手村のスタッフなどの学生を動員として見るのでなく、そこで働いている以上は相応な手当てをしてほしい。そうでないと学生に気の毒です」

帝国ホテル料理長の教え

立教大経済学部三年の油井隆一は、ホテル研究会の部員として選手村食堂「富士」で働いた。シェフは帝国ホテルの料理長、村上信夫である。そこで、油井は多くを学ぶ。外国人選手との触れ合いも多かった。オーストラリア選手の天真爛漫な明るさ、ソ連など共産圏の選手がどこか暗かったことが印象として残っている。油井は大学卒業後、父親が経営していた日本橋人形町「㐂寿司《きずし》」の店主となり、のちに広く名前が知られる。

油井は、二〇一六年にこうふり返っている。

「村上シェフは立派でした。決して怒ったりせずに、料理人、学生アルバイトに自ら手本を示して、それから命令をする。全部、自分でやって見せて、みんなをまとめていく。リーダーシップとはああいうものだと思いました。（略）もうすぐ二〇二〇年東京オリンピックが始まるわけでしょう。選手村食堂も必ずやるわけです。ぼくはそれまで元気で働くつもりです。そうして、皿洗いでもなんでもいいから、もう一度、選手村食堂でアルバイトをしたいと思っているんです。もし、寿司を握ることができたら、それは最高だよ、きっと」（『銀座

百点』所収「オリンピックと銀座」二〇一六年四月）

しかし、それはかなわなかった。油井は一八年に亡くなった。

選手村食堂にはさまざまな大学の学生が出入りしていた。立教大、東洋大、早稲田大、上智大などのホテル研究会や観光研究会は夏休みになると、軽井沢の万平ホテル、箱根の富士屋ホテルでボーイとして研修を受けていたので、選手村食堂の仕事はまったく苦にならなかったようだ。

オリンピックで観光学科から観光学部へ

油井が所属していた立教大ホテル研究会は、立教大経済学部ホテル講座を聴講していた学生が中心となって結成された。一九四八年、まだ新制大学発足前である。ホテル講座はそれより二年前の一九四六年に開設した。「本講座はホテル協会の強い要望によってできたもの……」（『立教大学社会学部二十五周年記念誌』一九八三年）とある。一九六一年、ホテル講座は「ホテル・観光講座」と改称した。同講座運営委員には井上万寿蔵（日本初の観光学概説書『観光読本』著者）、参与には東京オリンピック準備局長の関晴香がいた。六四年東京大会を見据えての運営といっていい。

その後、ホテル・観光講座は、一九六六年にホテル・観光コースに昇格する。そして六七年には社会学部観光学科としてさらに発展した。四年制大学として日本で最初の観光系学科である。それから三〇年あまり経った一九九八年、観光学部となった。同学部のウェブサイトにこう記されている。

「立教大学観光学部と一九六四年の東京オリンピックは関係があります。東京オリンピック開催を契機として、欧米諸国と同様なホテルおよび観光に関する高等教育・研究機関設置を求める声が国内で強まりました。そこで、戦後間もない一九四六年から観光教育を始め実績もあった立教大学にその役割が期待される声が高まり、それに応える形として一九六六年、社会学部産業関係学科内に『ホテル・観光コース』が開設されました」

東洋大観光研究会は東洋大のほかに東洋大短期大学部の学生で構成されており、選手村食堂で働いている。東洋大学の観光学教育の歴史は古い。一九五九年、大学の正課外科目として「ホテル講座」が設置されている。大学新聞にこう報じられている。

「この講座は、我が国が平和国家として繁栄するために、国際親善を計って経営の安定をする必要があり、そのためには観光事業の果す役割が大きい点から将来本学にホテル学科を創設するに先だって開講したものである。（中略）本学のホテル講座は、五年後にオリンピックがあるだけに業界から大いに注目されている」（『東洋大学新聞』一九五九年九月十五日）

一九六三年、東洋大ホテル講座は東洋大短期大学部観光科に発展する。同大短期大学部の学生の六四年東京大会選手村でのアルバイト研修の様子がこう伝えられている。

「ピチッと制服に身をかためて、かしこまっているウエーターとウエートレス。東洋大学短大観光科二年の荒牧和夫君と団康子さんの実習姿だ。かれらは、オリンピックの期間中、代々木の選手村食堂の給仕と食券係をやる。実習生とか、見習いとはいっても、お客さま第一のホテルでは、一切特別あつかいはしてくれない。制服を着る限り、あらゆる待遇は一般従業員と同じだ。食堂のあいている時間には、かりに友だちから電話がかかってきても、勝手に電話口に出ることはできない。なれないうちは、きゅうくつだし、気も疲れるが、大役をまえに、夏休みも返上して〝勉強〟だ」（『読売新聞』一九六四年八月十六日）

東洋大短期大学部観光科（一九八三年に観光学科に改称）は二〇〇〇年で募集停止となり、短大そのものがなくなる。観光学科は同年に、東洋大国際地域学部国際観光学科として生まれ変わった。二〇一七年には国際観光学部に昇格している。

選手村「不夜城」伝説

選手村では食堂担当のほか、選手の案内、通訳などを担当する学生が出入りしていた。

組織委事務局職員の三枝勝は東京ガスの社員だが、選手村本部に出向していた。三枝は選手村で日本体育大の学生の面倒を見ることがあった。学生たちは選手村に搬入された備品の運搬、各国選手の引率などを担当する。三枝はこうふり返った。

「日体大の学生からこんな話を聞いたことがあります。南米の選手団が時間どおりに集まってくれない。約束の時間をすぎてもカタコトの日本語で『ちょっと待ってください』とのんびり構えている。お国柄だからしょうがないのですが、案内役の日体大生は『ケセラセラ』と話す。当時の流行語で『なるようにしかならない』『先のことはわからない』ということなのでしょう。また、選手村の入村式で日体大の女子学生が台湾選手を前に『台湾（TAIWAN）』のプラカードを掲げたことで、抗議を受けました。国民感情から許せなかったのでしょう。女子学生はプラカードを持たないで引率することになりました」

台湾は「中華民国（REPUBLIC OF CHINA）」の使用を求めていた。なお、六四年大会に中国は参加していない。

選手村は不夜城だったようだ。前出の油井は勤務シフトについてこう語っている。

「二十四時間営業の食堂でしたから、八時間ずつ交替制で働いていました。朝早く、もしくは夜遅くまで働く場合は寮で寝るわけです。（略）何人かの相部屋でした」（前出「オリンピックと銀座」）

食堂や通訳などのアルバイト学生が選手村に寝泊まりすることもあったが、場所によっては雑魚寝だったという。早稲田大の女子学生が語るこんな記事が残されている。

「彼と肉体的に結ばれたのは、東京オリンピックの選手村でアルバイトをしていたときだ。（略）ある晩、彼は1人で泊まりに来た。〝紳士協定を守るならＯＫよ〟と、私たちは2人の境にフトンでバリケードを作って寝た。ところが夜中になると、彼がバリケードの向こうから〝ねえ、いいだろう？〟とか、〝よう、ちょっとだけ〟とか求めてくる。私は彼の人間性に魅力を感じたから、交際していたのだ。バージンに執着はなかったから、彼の要求に応えてやってもいいと、自分で納得した」（『週刊プレイボーイ』一九六七年一月三十一日号）

匿名の記事ゆえ、真偽のほどはわからない。

練習補助員の体験が人生を変えた

六四年大会では都内の大学が、組織委からの依頼で各国選手団に練習施設を提供している（表6）。大学チームが試合相手になったこともあった。その際、大学生が「練習補助員」となって、各国代表選手の練習をサポートするという制度があった。これはアルバイトである。

組織委は日本体育大の陸上競技部に役員派遣の依頼を送っている。

「（略）殊にマラソン、競歩におきましては都内の繁雑な交通事情のもとに本コースである、甲州街道で練習を警視庁と協力し実施しますが、この際陸上競技役員を練習管理役員として担当することになりました。つきましては貴校学生〇〇〇外61名を9月15日より10月20日まで別表によりご派遣いただきたく校務ご多忙のところ誠に恐縮ですがご承諾下さいますよう、お願い申し上げます」（一九六四年九月三日）

マラソンの円谷幸吉、エチオピアのアベベの練習に日本体育大の学生が付き添うことになる。

東京教育大体育学部一年の寺島善一は、所属する陸上部マネージャーから声をかけられ練習補助員となった。各国の陸上選手は、男子は東京大駒場（目黒区）、女子は東京教育大幡ケ谷キャンパス（渋谷区）の選手村に近いグラウンドをそれぞれ使っていた。東京大駒場キャンパスでは、現在、陸上トラックがある第一グラウンドが跳躍種目、ラグビー場がやり投

表6　各国オリンピック選手団の練習会場となった大学施設

競　技	大学施設の練習場	住　所
陸上競技	東京大グラウンドほか	目黒区駒場
	東京教育大グラウンドほか	渋谷区西原
バスケットボール	学習院大体育館	豊島区目白
ボクシング	明治大体育館	杉並区和泉町
サッカー	東京学芸大グラウンド	世田谷区下馬
体操	東京教育大新体育館	渋谷区西原
	東京農業大体育館	世田谷区世田谷
	日本大文理学部新体育館	世田谷区上北沢
	昭和女子大体育館	世田谷区三宿町
柔道	東京教育大柔道場	渋谷区西原
レスリング	日本体育大新体育館ほか	世田谷区深沢町
	東京学芸大体育館	世田谷区下馬
	日本大文理学部新体育館	世田谷区上北沢
水泳、水球	東京大プール	文京区本富士
近代五種	早稲田大グラウンド	北多摩郡保谷町
	国学院大体育館	渋谷区若木町
バレーボール	日本体育大新体育館	世田谷区深沢町
	駒澤大体育館	世田谷区深沢町

出典：『オリンピック東京大会と政府機関等の協力』（文部省、1965年）

げ、野球場が円盤投げ、第二グラウンドハンマー投げの練習会場となっていた。

寺島が担当したのはおもにキューバ、ルーマニア、ポーランドだった。思い出深い選手が何人かいる。まずは、キューバの男子短距離選手のエンリケ・フィゲロラだ。男子は東京大駒場のグラウンドで練習することになっていたが、彼は東京教育大幡ヶ谷のグラウンドにやってきた。

「東大駒場でアメリカ人選手と一緒に練習することをいやがったのです。また、フィゲロラ選手は私に『君は英語でしゃべってくれ』と言い、彼はスペイン語を話し通訳してもらいました。英語を使いたくなかった。英語による支配が屈辱的なものであることが身に染みていたからでしょう。大学一年の私にとって大きな衝撃でした」

五九年、キューバ革命でカストロ政権が樹立した。六二年、キューバ危機があり、アメリカとソ連のあいだで核戦争が起きるのではないかと緊張感が漂っていた。そのわずか二年後である。キューバ国民のあいだでは反米感情が高まっていたころだ。

寺島は親身になってフィゲロラの練習に付き合った。当時、オリンピックの陸上競技でスタートの号令は開催国である日本語で行われたが、ここで、寺島の果たした役割は大きい。

「フィゲロラ選手の前で『位置について、よーい、ドン』を大声で叫んで、スタートの号令に慣れさせました。彼は一〇〇メートル走で銀メダルを獲得しますが、まっさらな五輪旗を最初に私のところに持ってきて『サインしろ』と求めてきた。これは嬉しかったです」

もう一人は、ルーマニアの女子やり投げ選手、ミハエラ・ペネシュだ。寺島はやり投げ選手だったので、練習を効率的、合理的に進めることができた。ペネシュの前評判は高くなかったが、金メダルを獲得した。

「練習では、彼女が投げるやりが刺さるあたりに待機して、それを拾って投げ返すという繰り返しだった。そうして練習効率を上げていました。閉会式のあと、選手村でのお別れ会に招待され、ルーマニア陸上競技選手団長から『君のおかげでこんなに良い成績がとれました。ありがとう』とお礼を言われました。ペネシュ選手は私と同い年だったので気が合いました」

寺島のオリンピック体験はその後の生き方に大きな影響を与えた。

二〇一九年、寺島は『評伝孫基禎《ソンギジョン》』（社会評論社）を刊行した。第二章でも触れたように、一九三六年ベルリン大会日本代表の孫は、日本の統治下にあった朝鮮の出身だった。孫はベルリンで「KOREA」とサインする、『君が代』演奏でうつむく、ユニフォームの日の丸を月桂樹で隠す、など日本の支配を拒絶し続けてきた。寺島は孫の知己を得て、彼の生きざまを描くことになるが、六四年東京大会でキューバ選手団と出会った強烈な経験が大きかったようだ。

寺島は二〇二〇年東京大会についてこう訴えている。

「JOCや東京都は選手よりも競技運営ばかり考えており、国威発揚や商業主義がまかり通っています。これでは、諸国民の友好連帯と相互理解、平和というオリンピックの精神を貫くことはできない。残念なことに日本国内でもヘイトスピーチなど人間の尊厳を踏みにじる行為が見られます。だからこそ、開催国の責任として、日本はオリンピックを通じて平和と国際連帯を求めていかなければなりません」

六四年東京大会で政治に翻弄《ほんろう》される選手を見てきた寺島の言葉はとても重い。

選手ではないが、六四年東京大会で最も脚光を浴びた大学生がいた。裏方、サポートというよりはオリンピックでは主役級の存在感を世界中に示している。十月十日の開会式で聖火最終ランナーを務めたのが坂井義則である。一九四五年八月六日、広島県三次市で生まれ、県立三次高校時代、陸上部の選手として国体に出場している。六四年に早稲田大に入学し競走部に入った。日本代表の強化選手に選ばれるが、代表選考会で負けてしまい、オリンピック出場はかなわなかった。そんなとき、聖火ランナーの話が舞い込んできた。組織委からは日頃の行動に気をつけるように、言われたという。

大会前からメディアに同じ質問を受け続けた。

「広島への原爆投下の日に生まれたんですね」

「はい、投下の一時間半後です」

坂井が聖火最終ランナーにすんなり決まったわけではない。組織委のなかには反対意見があった。オリンピックと原爆を結びつけることで、アメリカの機嫌を害するのではないかという理由だった。坂井はこう話している。

「ぼくは戦争を知らない。しかし、何百万人という日本人が、戦争の犠牲になって一瞬のうちに死んだ同じ日に生をうけたことは、ぼくに〝偶然〟といってすまされないものを感じさせる」

聖火最終ランナーと同じぐらい注目された大学生がいた。

国立競技場で行われた閉幕式で、東京女子体育大の学生がマスゲーム「輪のダンス」を披露している。式が終盤にさしかかると、競技場全体を照らしていた灯が落とされ、真っ暗になると、黒一色に身を包んだ学生たちはトラックを囲み松明《たいまつ》に火を点《つ》けた。松明を振りながら踊っている姿は幻想的な世界に見えたという。

「気温、湿度ともに極めて高く、選手にとって最も条件が悪い」

二〇二〇年東京大会（二一年予定）では練習随伴、選手村警備、会場案内、観戦客誘導、医療支援、そして通訳などがボランティアとして位置付けられる。高等教育の授業料無償化の論議が起こる一方で、学生に「勤労奉仕」させようとしている。ちぐはぐ感は否めない。そう考えると、六四年東京大会の学生に警備や通訳などを依頼したシステムのほうが、ずっと健全なように見える。この大会から学ぶことはいっぱいあったはずなのに、参考にしなかったようだ。

それどころか、二〇年大会ではボランティの学生に対して十分な交通費、食事が用意されない、炎天下に長時間立たせるなど、苦役を強いかねないような待遇が待っている。六四年東京大会の開催時期は十月である。夏場に大会を開かなかったことについて、主催者は次のように記している。

「盛夏の時期は、比較的長期にわたって晴天が期待できるが、気温、湿度ともに極めて高く、選手にとって最も条件が悪いうえに、多数の観衆を入れる室内競技場のことを考えると、最

も不適当という結論に達した」（『第18回オリンピック競技大会公式報告書』　オリンピック東京大会組織委員会　一九六六年）

二〇二〇年大会での七〜八月実施は、オリンピックの商業主義路線、つまり、アメリカのスポンサーの意向に与《くみ》したと言われる。夏は暑くて競技に向かないことや、選手の健康を害することはJOC、組織委もわかっている。だが逆らえない。マラソン、競歩を札幌で行うという付け焼き刃的な対応を迫られても唯々諾々するしかない。それでも、六四年のような正論を堂々と主張できないのか。開催国としての日本の情けなさを感じてしまう。

ボランティアも暑さには相当悩まされるはずだ。とくに競技場前の交通整理や警備、選手と観戦客の案内や誘導、そして通訳など、種目によっては一日中炎天下に身をさらすことになる。健康面で十分な保障がなされているか、倒れたとき自己責任で片づけられないかを懸念する学生は少なくない。

実際、評判は芳しくない。

二〇一八年、東京オリンピック・パラリンピック競技大会組織委員会（組織委）がボランティアの募集が始まったとき、ネットではこんなコメントが書き込まれている（「ぶる速VIP」一八年九月）。

「そもそも、スタッフをボランティアという形で仕事させておいて、主催者側には大きな金が入ってくるっていう、現状の五輪のあり方こそ、誰も協力的になりたがらない理由なんじゃない」

「たいていのやつが交通案内とか誘導とかやろ、コンビニバイトのほうが百万倍ましなレベル」

「提携企業やメディアらが儲ける一方で、バカなやつらを騙して無償で働かす。昨今の日本の企業形態と同じ。こんなボランティアやるなら災害時ボランティアに行った方が良い」

二〇一九年七月十六日、組織委のボランティア検討委員会ではこんな質疑応答があった。

「マラソンなど早朝に行われる競技については、ボランティアの会場入りが始発の交通機関でも間に合わないため、終電での会場入りを想定。その場合は待機時間が見込まれるため、ボランティア同士の交流機会や、士気を高めるような取り組みを検討していくこととなりました」（日本財団ボランティアサポートセンター　一九年七月十六日）

一睡もしないで炎天下で働け、とも受け取れる。応答する側は、清家篤（前・慶應義塾長）、二宮雅也（文教大准教授）、山本悦子（東京マラソン財団ボランティアセンター長）。「待機時間」に睡眠をとるという発想がなく、「士気を高める」という発想はさすがにひどい。委員会でなぜ反対意見が出なかったのか。同調圧力だったとしたら恐ろしい。

無償のボランティアになるために有償の資格が必要

二〇一九年九月、オリンピックのボランティアをめぐって賛否を問うイベントがあった（東京・世田谷区「本屋B&B」）。ボランティア反対の本間龍（著述家・元博報堂勤務。著書に『ブラックボランティア』（角川新書）など）、西川千春（経営コンサルタント。著書に『東京オリンピックのボランティアになりたい人が読む本』（イカロス出版）など）が語り合った。本間は次のように訴えた。

「東京オリンピックが商業オリンピックであり、スポンサーはリオ大会までは一業種一社だったが、東京では五二社となっています。本来、警鐘を鳴らすべき新聞社までもスポンサーになっている。これほど最大の商業イベントを運営するのに、なぜ無償のボランティアを使うのか。ボランティアには無償という意味はありません。タダと思わせようとしている。ボランティアの概念は非営利の原則。公共性とか、東京大会は非営利とは言えないでしょう。その構造のおかしさに口を挟まない。おかしな話です。今年の夏は、ものすごく暑かった。

予想気温三五度以上だと熱中症の特別警報が出る中で、一一万人の命を危険さらそうとしている。それなのに、タダ。感動を売り物にした詐欺だと思っています」

災害ボランティアとは違い、一部の企業が利益を上げるために学生をボランティアとして活用するのは、おかしい。学生の善意を食いものにしていると厳しく批判する。

かつて、本間はこんなケースを示している。

「組織委がいちばんのターゲットにしているのも、彼ら学生です。若くてそれなりに体力もありますし、時間もありますからね。各大学とは協定を結び、少しずつ募集への地ならしをし始めています。

こんなことがありました。今年6月、筑波大学と神田外語大学が共同で『国際スポーツボランティア育成プログラム』を開催しました。2日間受講すれば『修了証』がもらえ、それがボランティア応募の際に有利に働くというふれこみなのですが、なんとこれが有償で、2日で5000円もかかるのです。無償のボランティアになるために有償の資格が必要とは、どこまで学生の善意をむしりとる気なのだ、と信じられない思いでした」（「現代ビジネス」ウェブサイト　二〇一八年八月四日）

大会期間中は休講、ゴールデンウィークはすべて授業

それでも、オリンピックへの関心はかなり高かった。組織委の呼びかけた二〇二〇年大会ボランティアには二〇万四六八〇人が応募している（二〇一九年一月二十四日締め切り）。

これは大学がオリンピックに深く関わろうとしたことによる。文科省のバックアップ、いや、大学が積極的に取り組むようにすすめた、いわば行政指導の賜物といっていいだろう。二〇一八年七月、文科省は二〇年東京大会に向けて「特例措置」と記した通知を出した。具体的には次のとおり。学生の大会参加について、こう意義づけしている。

「競技力の向上のみならず、責任感などの高い倫理性とともに、忍耐力、決断力、適応力、行動力、協調性などの涵養の観点からも意義がある」「学生が、大学等での学修成果等を生かしたボランティア活動を行うことは、将来の社会の担い手となる学生の社会への円滑な移行促進の観点から意義がある」

それゆえ、東京大会の期間中（オリンピック＝七月二十四日～八月九日、パラリンピック＝八月二十五日～九月六日）についてこんな特例が認められた。

「授業・試験を行わないようにするため、授業開始日の繰上げや祝日授業の実施の特例措置を講ずることなどが可能であり、学則の変更や文部科学大臣への届出を要しない」（二〇一八年七月二十六日）

大学は次のように受け止めてしまう。国が大学に対して、東京大会に学生がボランティアとして参加するように呼びかけている。そのためにオリンピック期間中は授業、試験を行わないほうがいいのでは。これは特例措置なのだから……。

はたして、この「特例措置」通知を受けて、明治大、筑波大、立教大、国士舘大などが二〇二〇年の大会期間中の授業、試験の取りやめを決定した（以下、大学に関する「」の記述は、各大学ウェブサイトから。実際は二〇年は新型コロナウイルス感染症の拡大によって延期、大学もキャンパスでの授業がなかなか行われなかった）。

明治大は「自国でのオリンピック開催というまたとない機会に、本学学生がボランティア活動など、様々な形で大会に参画できる機会を奪ってしまう可能性がある」（一八年七月二十六日）として、大会期間中の授業を取りやめ、穴埋めとして同年のゴールデンウィークの祝日をすべて授業に振り替えるとした。

立教大も「学生のボランティア活動をはじめとする『東京２０２０オリンピック・パラリ

ンピック競技大会』への多様な関わりを支援するため」（同年八月九日）に休講措置をとった。国士舘大も「学生の皆さんがボランティアに参加しやすいよう二〇二〇年度の学年暦では以下の特別措置を準備しています。奮って応募してください」（同年八月九日）と学生に声をかけた。

東京都立大は「特例措置」の通知以前から、オリンピックのシフトを組んでいた。首都大学東京という名称だった一七年には、大会期間中は授業、試験を行わないことを決め、ボランティア参加を積極的に呼びかけている。

「大会に係るボランティア活動への参加を奨励します！　学生が大会に係るボランティア活動に参加することで、オリンピックという大イベントの運営に貢献できたという達成感を味わうことができます」（一七年八月三十日）

筑波大は清水諭副学長（教育担当）名義で学生に「特別な配慮」を用意すると発表した。

「筑波キャンパスにおいては、原則として大会の開催期間中に授業・試験を行わないよう、二〇二〇年度の学年暦を設定する予定です。具体的な措置として、入学式及び春学期の開始日を例年より早め、四月〜六月の一部の土曜日（合計七回程度）は授業を行う予定です。ただし、一部の科目については大会の開催期間中にも授業・試験が行われる可能性があります。

大会ボランティア等によりこれらを欠席する学生は、大学に対し特別な配慮を求めることができます」(一九年三月十三日)

六四年は休講がないように文部省はクギをさしていた

文科省にすれば効果てきめんである。同省の「特例措置」には、大学にとって、従わなければならないと思わせるものがある。もちろん、無視しても何らペナルティーは科されない。しかし、現実には、「監督省庁の言うことはきいたほうがいい。そうでなければ、たとえば、学部学科の認可申請で不利になる。私学助成でもプラスには働かない」というプレッシャーを、大学はふだんから感じている。

実際、文科省出身の大学事務職員で、文科省の通達はできる限り遵守するように指南する人がいる。覚えがめでたくなるし、印象も良くなるという理由だ。だが、オリンピックについて、文科省の通達にいちいち耳を傾ける必要はあるのだろうか。

東京大学大学院情報学環学際情報学府の佐倉統教授はこうツイートしている。

「大学はオリンピックのためにあるわけではない。学生個人がボランティアするのは勝手だし、場合によっては欠席扱いしないぐらいはありうると個人的には思う。しかし、大学が組織として学事暦をオリンピックに配慮したものに変更することを許容する通知を文科省が出すなんて言語道断だろう」（一八年七月二十八日）

そのとおりである。

きわめて原則的な話、大学は政府から独立した存在である。

大学教育の基本的なありよう、たとえば、入試方法、学生数、教員数、教員資格、教科内容、校地校舎面積、授業日数、取得単位数などは、大学設置基準に従わなければならない。だが、オリンピックを大学教育よりも優先させるという理屈は、大学設置基準とはまったく無縁なシロモノである。これを前例とすれば、政府や自治体のイベントに大学は強制参加させられるということになる。

だが、悲しいかな、国家的な行事のために学生を集めてください、という通達が出れば、大学は唯々諾々として従ってしまう。それが、今回の「特例措置」に対する大学の受け止め方である。神戸女学院大名誉教授の内田樹が「学徒動員」と批判するのは、もっともなことである（七三頁）。

六四年東京大会にはこんな「特例措置」はあったのだろうか。

文部省（当時）体育局長、初中等教育局長が、国立の大学学長、高校長、高等専門学校長に次のような通達を出している。

「オリンピック東京大会開催の全期間を休業日とするなど大幅な授業変更を加えて学校教育に支障をきたすことがないようにすること」（文体オ第269号　昭和三九年九月五日）

大学（学校）教育より東京大会を優先させてはいけないと、クギを刺しているように読める。学問の自由、大学自治への尊重という姿勢が見てとれて、きわめて健全である。文部省は大学と適度な距離を取っており、大学に対するヤボな介入は少しも感じられない。二〇年東京大会とは正反対だ。

国立競技場にいちばん近い大学

忘れてはならないのは、ボランティアはあくまでも「ボランタリー」（voluntary）であるべきだということだ。「自発性」が最大限に尊重される行動であって、国が上から目線で大学に要請するものではない。国が対等な立場から学生一人ひとりにお願いする。そのための手段として、募集が行われるものである。

なにせ少子化である。組織委としては東京大会のボランティアに従事する若者が集まらないと困る。代わりに文科省がボランティアを確保するため、大学に向けて学事暦変更、授業や試験の制約を促すようなことをする。

大学とオリンピックの関係は、互いの立場を尊重することで成り立つ。オリンピック主催が大学教育の領域を侵すのは、いくらなんでもやり過ぎであり、それを受け入れる大学には教育機関としての矜持が感じられない。

大学のほうもオリンピックを思いっきり利用している。それが教育的効果につながるならば、問題はない。

津田塾大は、「津田塾大学梅五輪パラリンピックプロジェクト」を立ちあげた。

「運命のいたずらでしょうか。二〇一七年四月に創設された津田塾大学千駄ヶ谷キャンパスは、新国立競技場（オリンピックスタジアム）、東京体育館、国立代々木競技場に最も近い大学キャンパスです。（略）津田塾に来たれ。二〇二〇東京オリ・パラまであと二年半です。津田塾生の新鮮な視点と感覚で、世界に記録と記憶に残るイベントを企画し、体験してください」

実践女子大は、「オリンピック・パラリンピック連携推進室」を設置している。

「本学では、東京二〇二〇オリンピック・パラリンピック競技大会を、教育目標の一つである『国際的視野』を育成する絶好の機会として捉えています」としたうえで、「ボランティアとして活躍しうる英語力獲得のための科目を全員が履修（※一八年度入学者から適用）」するなど、教育に取り込もうとしている。

文科省は今、大学に対してグローバル化を求めている。海外留学、外国人教員招聘、外国人留学生受け入れ、英語による授業などだ。一方、大学は、オリンピックに学生がボランティアとして関わることで、外国人と触れあい「グローバル」体験できると考えている。それは間違ってはいない。

だが、繰り返すが、ボランティアはボランタリーであるべきなのだ。あくまで、学生が自分の意志で行動するものであり、そこに文科省、大学による過度なお膳立ては必要ではない。オリンピックのボランティアには大きな意義があるといったキャンペーンからは、やはり「同調圧力」を感じてしまう。このボランティアは就職に有利などという幻想を生み、学生にとって必須といった義務感を抱かせてしまいかねない。

文科省、大学は、ボランティア募集と採用手続き、中身によっては研修、といった最低限の業務を行うだけで十分だろう。

第八章

一九五二年大会〜七六年大会

転身いろいろ、競技も人生も大学名も

サッカー代表が表す大学生の盛衰

ここまでに何度か触れたとおり、オリンピック日本代表は高学歴社会である。大学生比率と、大学生+大学卒業者比率を表7にまとめた。

一九五二年ヘルシンキ大会から六〇年ローマ大会までの三大会では、大学生の代表は四割を超えていた。当時は、各競技で学生が社会人よりも強かったことによる。

しかし、六四年東京大会から大学生の比率が低くなり、七二年ミュンヘン大会から二〇一六年リオデジャネイロ大会まで一割台が続いている。この頃になると企業やクラブチームなどで社会人選手の育成が強化され、大学生は社会人に太刀打ちできなくなった。野球はプロ野球、サッカーはJリーグのメンバーで占められ、大学生の出番はなくなる。

大学生+大卒の比率は大会によってまちまちである。六八年メキシコシティー大会まで男子サッカーは九割以上が大学生+大卒で占められていた。たとえば、六四年東京大会において早稲田大関係者が華々しい活躍を見せた。学生の釜本邦茂（日本サッカー協会顧問）や森孝慈（元日本代表監督）、OBの川淵三郎（Jリーグ初代チェアマン）や宮本征勝（Jリーグ監督を歴任）など、錚々《そうそう》たるメンバーがいた。

しかし、日本のサッカーはしばらく低迷が続き、六八年大会を最後に、オリンピックに縁がなかった。九六年に七大会ぶりに出て、それ以降、今日まで連続出場を続けるが、大学生

表7　オリンピック代表のうち大学生、および大学生と大卒の占める割合

年	大学生（人）	大学生比（%）	大学生＋大卒（人）	大学生＋大卒（%）	オリンピック代表数（人）
1952	34	47.2	50	69.4	72
1956	55	47.0	97	82.9	117
1960	73	43.7	150	89.8	167
1964	113	31.8	273	76.9	355
1968	43	23.5	139	76.0	183
1972	32	17.4	136	73.9	184
1976	38	17.8	138	64.8	213
1980	32	18.0	122	68.5	178
1984	44	19.0	151	65.1	232
1988	49	18.9	177	68.3	259
1992	51	19.4	187	71.1	263
1996	49	15.8	191	61.6	310
2000	47	17.5	161	60.1	268
2004	34	10.9	183	58.7	312
2008	40	11.8	220	64.9	339
2012	51	17.4	205	70.0	293
2016	40	11.8	241	71.3	338

※日本体育協会、日本オリンピック委員会がまとめたオリンピック各大会の報告書などをもとに集計。大学生は学部生のみ、大学院生、研究生、短大生を含まない
※1980年についてはオリンピック代表候補のうちの大学生と大卒の人数を集計

＋大卒の代表は一〜二割程度になってしまう。すでにJリーグが発足しており、高卒でプロになる選手が多く、彼らが大学生を押しのけて代表に選ばれたからだ。大学生は数えるばかりで、大卒も二〇〇〇年シドニー大会の宮本恒靖《つねやす》（同志社大）、〇八年北京大会の長友佑都（明治大）など少数派だった。

フジヤマのトビウオとの絆

各大会で活躍し、話題になった学生を紹介しよう。

一九五二年ヘルシンキ大会出場人数一位の日本大関係者一一人のうち、九人が水泳選手だった。このなかには、前回の四八年ロンドン大会代表に選ばれた古橋廣之進《ひろのしん》、橋爪四郎がいた。古橋は四五年、旧制中学浜松二中（現・静岡県立浜松西高校）から日本大（予科）に入学する。橋爪は古橋に「俺と一緒にやらないか」と言われて、四六年に旧制和歌山県立海草中学（現・和歌山県立向陽高校）から入学した。やがて二人は世界記録を超すタイムを出し、ロンドン大会でのメダルは確実視されていた。しかし、敗戦国の日本は参加を認められず、二人の活躍は次回のヘルシンキ大会までお預けとなる。四九年、全米選手権に招待された古橋、橋爪の日大コンビは一五〇〇メートル自由形一位、二位となりいずれも世界新記録だった。古橋は、「フジヤマのトビウオ」（The Flying Fish of Fujiyama）と報じられる。

五二年ヘルシンキ大会で古橋は、五〇年にアメーバ赤痢にかかった影響で体調を崩して、万全の状態で挑むことができず、予選八位に終わる。一方、橋爪は一五〇〇メートル自由形で銀メダルを獲得する。だが、橋爪は喜び半分で、古橋がメダルを取れなかったショックが大きかった。八〇〇メートルリレーの選手に調子が悪い古橋は選ばれなかった。このとき、橋爪は監督に「古橋を手ぶらで帰すわけにはいきません。古橋を使ってやってください」と進言したが、聞き入れられなかった。二〇一二年ロンドン大会の四〇〇メートルメドレーリレーで松田丈志《たけし》が言った「（北島康介さんを）手ぶらで帰らせるわけにはいかない」というセリフを、六〇年前に橋爪は言っている。橋爪はこうふり返る。

「メダルはもらったけれど、誰にも見せたくなくなった。不甲斐ないレースだったことにも因りますが、一番尊敬する人間がメダルを持っていないのだから。その銀メダルは押し入れに入れたままずっと出さなかった。通信社の依頼でやっと出したのは、古橋が亡くなって二、三年経った頃でした（笑）」（日本オリンピアンズ協会ウェブサイト）

古橋の死去は二〇〇九年である。つまり約六〇年封印していたわけだ。

東高西低の中、健闘した関西の大学

一九五六年メルボルン大会代表には編入学した学生がいる。体操の小野喬は、秋田県立能代南高校を経て東京教育大（現・筑波大）を卒業する。その後、慶應大に編入学し、メルボルン大会で金メダルを獲得している。サッカーの八重樫茂生は岩手県立盛岡第一高校から中央大に進み、早稲田大に編入した。小野は四回、八重樫は三回、オリンピック代表に選ばれている。

オリンピック代表を生んだ大学は東高西低である。一九一二年初参加のストックホルム大会から二〇一六年のリオデジャネイロ大会まで、関東の大学の在学、出身者が圧倒的に多い。大学の数が多い、スポーツ強化に力を入れている、伝統や人気がある大学に有望な学生が集まるなどの理由が挙げられるだろう。こうしたなか関西の大学が健闘する競技がある。五六年メルボルン大会においてサッカーで関西学院大からはOBも含め五人、水泳では天理大から二人が代表となった。

一九六〇年ローマ大会の一位、中央大二四人の内訳はレスリング七、陸上六、フェンシング三、ボクシング三、水泳三、近代五種一、重量挙げ一。中央大は格闘技系で高校日本一の選手が多く入学したことが大きい。

レスリング代表七人中五人が北海道増毛《ましけ》高校（現在は閉校）レスリング部出身である。北海道の公立高校によほど優れた指導者がいて、素質がある生徒が集まったのだろう。このうちバンタム級の浅井正とフェザー級の佐藤多美治の絆は深かった。佐藤について中央大の学内報にこんな記載がある。「先輩である浅井選手に高校時代より指導を受け、選手層の厚い軽量級において強豪を退け堂々と代表に選出されたルーキーである。過日の対ソ連戦においては日本選手が苦戦した相手をストレートスルーで破るという実力を発揮」（『中央大学学報』一九六〇年五月）。同大会では四位に入賞した。

ボクシングの田辺清は青森県立青森工業高校出身。フライ級で高校、大学で日本一となった。同学報では「三十八連勝（ＴＫＯ十六）という躍進ぶりを発揮し、ストレート左右のフックは偉力あり、日本ボクシング界の金メダル候補である」とある（前掲）。田辺はローマ大会出場時十九歳（大学二年生）で準決勝まで進んだが、ここで負けて銅メダルとなった。この試合について、日本代表側は「田辺の判定勝ち」だと猛烈に抗議する。のちに日本アマチュアボクシング連盟がこう書き残している。

「これには一同唖然として声も出ない。直ちに審判長の席に行き抗議するも規定によってなんとも致し方ない。後刻抗議文を提出することにして怒りをおさえて帰村する」（『第十七回オリンピック大会報告書』日本体育協会　一九六二年）

人生を分けた意外な転身

一九六四年東京大会では日本大、早稲田大が一位を分け合った。このなかでのちに大きな話題を提供してくれた学生がいる。早稲田大競走部の飯島秀雄だ。六四年六月、二十歳の飯島は一〇〇メートル走で一〇秒一の日本新記録、同年の世界最高記録を作った。しかし東京大会では決勝に進めなかった。飯島は陸上選手を二十四歳で引退し、六九年、プロ野球のロッテオリオンズ（現・千葉ロッテマリーンズ）に入団する。世界初の代走専門選手という触れ込みだった。初出場で初盗塁を成功。そのときの捕手は野村克也だった。しかし、盗塁成功率はそれほど高くなく、七一年に引退している。最近になって、当時をこうふり返っている。

「最初はプロ野球の走塁コーチとして依頼があったんです。誰が言ったかわかりませんが、『走塁コーチはいつでもできる、だからピンチランナーでやらせたらどうだ』という話が出

東京五輪選考全日本レスリング　グレコローマンスタイル・ヘビー級　優勝斎藤昌典（中央＝のちマサ斎藤）、２位杉山恒治（左＝のちサンダー杉山）、３位関二郎。1964年８月24日（写真提供：日刊スポーツ／アフロ）

たんです。私の知らないところで」（「TBSテレビ『消えた天才〜一流アスリートが勝てなかった人　大追跡〜』取材班」東洋経済オンライン、二〇一七年八月二十六日）

同大会ではレスリングで明治大出身の杉山恒治が代表に選ばれた。愛知県の東海高校時代は柔道で日本一、相撲で全国大会ベスト一六となり格闘技にめっぽう強かった。同志社大に入学し柔道を続けたが、杉山が強すぎて先輩が稽古をつけてくれず、ランニングばかりやらされた。それを見て怒った父親は同志社大を辞めさせ、明治大に編入学させる。ここで柔道部に入る予定だったが、明治大の柔道部監督が「最初に明治に来ると言いながら同志社に行き、また、明治に来るなんて信用できない」と入部を認めなかった。

途方に暮れた杉山は縁あってレスリング部に入部するが、そのあとがおもしろい。杉山の回顧。「入部10日目にローマオリンピックの最終予選があったのですが、私はそれで優勝してしまったんですね。最終的に経験不足を理由にローマへの出場はならなかったのですが、当時の新聞に『新人杉山、10日で全日本優勝』と書かれ大変な騒ぎになった」（『明治大学レスリング部70年史』二〇〇三年）。一九六四年東京大会後、杉山はプロレスの世界に転身した。リングネームはサンダー杉山である。

あの人気プロレスラーたちも

一九六八年メキシコシティー大会には体操代表として日本体育大の学生、塚原光男、監物《けんもつ》永三、小田千恵子が出場。塚原光男は国学院高校出身。探究心旺盛で新しい技に挑戦するのが好きだった。こうふり返る。

「先生の言うとおりなんか全然やらなかったから嫌がられていたとも思う。当時の指導法としては先生が指導し、作ったプログラムをやっていくのが主流だった。今のように技術が解明されてないから、どっちかっていうと『やれ』とか『こうせい』とか『頑張れ』なんていう世界なんですよね。そういうのあんまり好きじゃなかった」（『オリンピックスポーツ文化研究 №3』日本体育大学　二〇一八年）

塚原はこの大会と七二年ミュンヘン大会、七六年モントリオール大会で団体総合優勝三連覇を果たす。その後、小田千恵子と結婚し、長男の塚原直也は明治大に進み、二〇〇四年アテネ大会体操団体総合で金メダルを獲得している。親子で金メダルを獲得した日本で唯一のケースだ。

七二年ミュンヘン大会レスリング代表の学生二人が、のちに人気プロレスラーになった。

中央大の鶴田友美は山梨県立日川高校出身で、六九年に大学に入学した当初はバスケットボール部に入ったが、レスリングに転向する。

「自分としては団体競技よりも個人競技で力を試してみたくて、途中自衛隊体育学校へ週三回通い、そこでアマレスを修業、大学四年のときレスリング部員になり、大学選手権で優勝しました」（『中央大学学員時報』一九八〇年七月十日）。大学卒業後、ジャイアント馬場の誘いに応じて、全日本プロレスに入った。ジャンボ鶴田である。

専修大の吉田光雄は山口県の私立桜ケ丘高校出身。七〇年に入学し全日本学生選手権に優勝、オリンピック候補となった。だが、吉田は韓国籍だったため日本代表にはなれなかった。やがて、吉田の実力を惜しむ関係者の助けによって、在日大韓体育会を介して七二年ミュンヘン大会の韓国レスリング代表に選ばれる。大学卒業後、新日本プロレスに入った。長州力である。

七二年ミュンヘン大会出場について半世紀近く経ってから、長州は次のようにふり返っている。

「帰化申請も間に合わないし、かといって出場をあきらめたくない。出られるんだったら、たとえ日本代表じゃなくても、どの国でもいいと思った」（朝日新聞デジタル　二〇二〇年七月二十五日）

もう一人、レスリング代表の学生、国士舘大の伊達治一郎は、七二年ミュンヘン大会では成績がふるわなかったが、七六年モントリオール大会で金メダルを獲得している。その後、レスリングで後進の指導にあたっていたときに、とんでもない逸材を発見した。後の横綱武蔵丸（現・武蔵川親方）だ。さっそく元横綱三重ノ海（当時・武蔵川親方）に橋渡しして角界デビューとなった。伊達は二〇一八年に亡くなるが、このときの武蔵川部屋のウェブサイトにはこう綴られていた。

「伊達先生はハワイでアメフトとレスリングをしていた親方をスカウトして日本に連れてきてくれ、来日後も色々なアドバイスをくれた恩師でした。（略）伊達先生が自分を見つけて声を掛けて下さらなかったら横綱武蔵丸は生まれていなかった、と親方は話します」

七二年ミュンヘン大会ではこれまでオリンピックに縁がなかった大学の学生が出場している。

広島商科大（現・広島修道大）から初めて出場した選手が金メダルを獲得した。水泳平泳ぎ代表の田口信教《のぶたか》である。中学、高校時代から大会に出れば優勝していたが、水泳の強い早稲田大、中央大、日本大には進まず、地元の大学で鍛えた。大学卒業後、国立の鹿屋体育大の教員となる。二〇〇四年アテネ大会では、同校での田口の教え子、柴田亜衣が自由形で金メダルをとっている。

大正大からは学生二人がカヌー代表として選ばれている。その後、九二年バルセロナ大会まで毎回同校出身者が選ばれたが、それ以降は新興勢力の駿河台大などに代表の座を譲った。やがて長い時を経て、二〇二〇年東京大会で、大正大ＯＢ、水本圭治がカヌー代表に内定した。七大会ぶりの出場に、大学は久しぶりに盛り上がっている。

「にほん」から「にっぽん」へ

一九七六年のモントリオール大会の大学生＋大卒者で日本体育大が初めてトップになった。一〇競技に代表を送り出している。ランキング上位校の日本大、中央大、早稲田大は出場競技に偏りが見られたが、日体大はバランスが良い。体育大の強みで、各競技に運動能力に秀でた学生が集まり、さらに優れた指導者が揃っていたからだ。日本体育大は六四年東京大会から代表を多く出すようになった。

現在、日本体育大の正式な読み方は「にっぽんたいいくだい」である。開学時、「にほん～」だったが、八一年に読み方を変更した。その理由はオリンピックと関係があるようだ。大学史に興味深い記述がある。

「昭和三十九年の東京オリンピックの招致は日本のスポーツを飛躍的に発展させ、体育教員養成機関＝日体大のスポーツの発展も促した。このオリンピックの後に、『日本』（にほん）体育大学は『日本』（にっぽん）体育大学としてその呼称を改めたことからも知られるように、日体大に及ぼしたオリンピックの影響は大きかった。（略）東京オリンピックで世界に知れ渡った『NIPPON』を採れば、日本体育大学を世界に知らしめるのに好都合であるとする判断が働いたようである」（『学校法人日本体育会百年史』一九九一年）

七六年大会の代表で少数派の大学生を紹介しよう。自転車競技代表に日本大の小笠原嘉《ただし》、小笠原義明、岡堀勉が選ばれた。三人とも青森県の八戸電波高校（現・八戸工業大学第一高校）出身である。同校は七二、七四、七五年に全国高等学校総合体育大会自転車競技大会で優勝しており、この頃のメンバーが日本大を強くしたわけだ。

さらに日本大にはレスリング代表の谷津嘉章《やつよしあき》がいた。のちにプロレスラーとなり、ジャンボ鶴田と「五輪コンビ」を組んでいたことがある。

アーチェリー代表で同志社大の道永宏は銀メダルを獲得している。大学二年（十九歳）の時だ。両親ともにアーチェリーの選手で幼少の頃からアーチェリーに触れていた。

一方、クレー射撃代表で三十代半ばの選手がいた。麻生太郎・元内閣総理大臣、現・財務大臣である。麻生は学習院大出身で当時、麻生セメント社長を務めていた。

なお、日本大の岡堀勉、谷津嘉章は、八〇年モスクワ大会の代表にも選ばれる。しかし、日本はボイコットしたため、彼らは同大会に出られなかった。

第九章

一九八〇年大会〜二〇一六年大会

大学生オリンピアンは不滅なのか

モスクワ大会のボイコットをめぐって

一九八〇年代以降、大学生がオリンピック代表になるのはますます困難になっていく。二〇一六年リオデジャネイロ大会まで二割を超えることはなく、二〇二〇年東京大会では大学生の割合は一割以下になる可能性がある。

一九八〇年モスクワ大会。日本オリンピック委員会（JOC）はこの大会をボイコットした。七九年十二月、ソ連がアフガニスタンに侵攻。アメリカのカーター大統領はこれに抗議するため、モスクワ大会のボイコットを西側諸国（当時）に呼びかける。それに追随した日本政府の意を受けての不参加だった。

しかし、すでにモスクワ大会の代表一七八人は決まっていた。うち大学生は五四人いる（三〇・三％）。大学生の彼らはどのような思いでボイコットを受け止めたのだろうか。

モスクワ大会代表の学生四人＝レスリングの太田章（早稲田大）とボクシングの副島保彦、樋口伸二、荒井幸人（以上、中央大）、そして、日本体育大の研究生だった体操の具志堅幸司を訪ねた。

レスリングの太田章は、七六年に秋田商業高校から早稲田大に進み、八〇年に全日本選手権で優勝してモスクワ大会代表となった。大学「五」年のときである。ボイコットを知らされたのは、強化合宿の最中だった。

「お酒を飲んでも、ふと我に返って、何のためにがんばってきたのかと思うと、涙がぼろぼろと出ました。早稲田の学生としてモスクワ大会に出るため、わざわざ卒論だけ残して留年したのですから。当時、早稲田のレスリング部は強くなく、二部リーグに甘んじ、部員も柔道部や相撲部から集めるほどでした。そのなかで早稲田の強さをアピールしたかったのです」

しかし、太田はここからがすごかった。八四年ロサンゼルス大会、八八年ソウル大会、九二年バルセロナ大会に三回続けて出場している。八四年と八八年は銀メダルを獲得した。

「ボイコットが悔しくてその借りを返したく、できるだけオリンピックに出てやろうと火が付いたのでしょう。ボイコットはカーター大統領が決めたことに日本が従いました。そのカーターがノーベル平和賞を取ったとき、がっくりきました。ボイコットが戦争終結につながったとされていますが、スポーツは切り離してほしかった。やはりボイコットはおかしい。その決断は日本政府ではなく、ＪＯＣが行うべき。将来、モスクワと同じようなことがあっても、個人でオリンピック旗を掲げて出場すべきです」
現在、早稲田大スポーツ科学部教授。比較格闘技論などを教えている。

ボクシング選手たちを襲った悲劇

モスクワ大会のボクシング代表には中央大関係者からは五人選ばれている。うち、四人は学生だった。

副島保彦は小学校六年からボクシングを始め、そのころからオリンピック出場を目指していた。横浜高校（神奈川県）の出身で、高校チャンピオンになっている。一九七八年、中央大に入学した。

オリンピックのボクシング代表になるためには、各階級で日本一を決める「ベルト争奪戦」を制さなければならず、副島はそれに勝って代表の座を射止めた。八〇年四月のことだ。副島はライトウエルター級で、同年代には近畿大の赤井英和がいる。ベルト争奪戦の過程では赤井を一ラウンドKO勝ちで退けている。

副島はボイコットについて、テレビで知ることになる。こうふり返った。

「正直、オリンピックに出られるかは半信半疑で、前年からボイコットが囁かれていたので覚悟はしていました。人に殴られて裁判に訴えるという話ではなく、誰に文句を言えばいいのかわからなかった。代表選手の仲間うちで話すこともない。世の中がボイコットについては誰も触れないという雰囲気で、ボイコットで不思議な時間を過ごしたという感じです」

副島はネットで名前が知れわたったことがある。横浜高校の後輩で野球部甲子園優勝メンバーの元プロ野球選手が「ボクシング部の副島はどうしようもないくらいワルかった」とネットに書き込んでしまう。

「いやあ、時々言われるんですよ。高校時代はまじめでワルさなんかしたことはない。困ったものです」

横浜高校から中央大はボクシングのエリートコースだった。副島の先輩にあたる荒井幸人も同じ道をあゆみ、七六年に大学に進んだ。荒井は高校時代、ジュニアのアジア選手権大会、全国大会に優勝するなど好成績をおさめたが、プロの誘いを断った。アマチュアの学生選手としてオリンピックに出ることを優先した。

荒井が大学四年のとき、モスクワ大会代表を決めるベルト争奪戦があった。このとき、対戦相手が出場辞退で不戦勝となり、オリンピック代表となる。この試合、勝つ自信があったので、荒井は悔しい思いをしている。こう話す。

「全日本チャンピオンがオリンピックに出ることになっていましたが、わたしは戦わずして代表となり、心から喜べませんでした。勝って白黒つけたかった。おまけにベルトはなぜか対戦相手が持ったままで、わたしには渡されなかった。これも納得できなかったことです」

こんなわだかまりを持ちつつ、気を取り直してモスクワ大会への準備を進めていたとき、ボイコットを知らされた。

「部屋に戻り、布団をかぶって泣きました。当然、モスクワに行けるものと思っていたのに、いったいどうなっているんだと愕然としました。こんなことは二度とあってはいけません。今でもボイコットには反対です。スポーツと政治はしっかり分けてほしい。またボイコットするようなことが起こったら、モスクワ大会辞退を経験した者として、署名活動を行って国にオリンピック参加を訴えます」

樋口伸二は熊本県出身。東海大第二高校（現・東海大熊本星翔高校）から七七年に中央大に進んだ。

樋口は右利きサウスポーだったが、決定打を身につけるため、練習後も左のアッパーの練習を繰り返した。それが功を奏し、ベルト争奪戦ではこれまで勝てなかったライバルを倒して、モスクワ大会代表の座を摑んだ。ボイコット当時をこう思い出す。

「え～っ、オリンピックはないのと、悔しかった。一方で、厳しい練習が終わり休むことができる。苦しみから解放されてホッとしたという思いも抱きました。大学チャンピオンになって調子が良く、負ける気はしなかったので、モスクワ大会に出たらかなりいい線までいったはずなので残念でなりません。ただ、幻のオリンピック代表としてマスコミから注目されることがあります。これが他の大会だったら取材に来ないんじゃないかな。そういう意味ではおいしいのかもしれません」

ボクシング代表には日本大を卒業したばかりの木庭浩一が選ばれている。熊本県出身。九州学院高校二年、三年でインターハイに優勝しており、在校中は五十勝三敗という堂々たる戦績を築きあげた。七六年に大学へ進み、同年のモントリオール大会の代表を目指すが、かなわなかった。その後、モスクワ大会を目指して着実に力を付けていく。大学二年、四年で全日本選手権に優勝し、二年のときにアジア選手権を制している。しかし、モスクワ大会の夢は断ち切られてしまう。木庭は当時の無念さを次のようにふり返る。

「リングに上がろうとするけど、相手の顔がぼやけて分からない。シューズやマウスピースがなくてリングに上がれない……。そんな夢を何十回と見た。『また、この夢か』と思っている自分もいる。代表に選ばれたけど、モスクワに行っていない。結果が出ていない。ずっともやもやしたまま、ここまで来たのかもしれない」（『熊本日日新聞』二〇一九年十一月十五日）

体操・具志堅幸司の警鐘

体操の具志堅幸司は現在、日本体育大学学長を務める。当時、同校を卒業して二年目の研究生だった。ボイコットの報せを聞いた時の心境を語った。

「ショックでした。自分の力ではどうしようもできず、何も抵抗できないまま終わるのかと思うと、悔しさがこみ上げてきました。私費でいいからモスクワに行かせてほしいと懇願しましたが、それは無理な相談でした。当時二十四歳で、次のオリンピックは二十八歳になる。それまで身体がもつかどうか、最初で最後のオリンピックを逃したのではないか、と心配しました」

しかし、最初で最後にはならなかった。八四年ロサンゼルス大会では金メダルを獲得する。ボイコット経験者として、具志堅はオリンピックのあり方にこう警鐘を鳴らしていた。

「戦争があればオリンピックは開催されない。平和の祭典であることを骨身に感じました。近代オリンピックの基礎を築いたクーベルタンは『スポーツを通じて平和でよりよい世界の実現に寄与する』ことをオリンピックの目的に掲げています、二度とボイコットがないようにしてほしい」

具志堅は日本体育大学学長として、二〇二〇年東京大会のオリンピック、パラリンピックに、同校の学生と卒業生合わせて七〇人が代表になることを見込んでいる。

日本体育大からはモスクワ大会出場を目指した学生が何人もいた。現在、水俣市長を務める高岡利治もその一人だ。高岡は鎮西高校二年のとき、国体で二〇〇メートルリレーの高校日本新記録（当時）をつくり、大学入学後はオリンピック出場に備えて毎日一万メートル以上を泳いだ。八〇年四月、全日本室内選手権で上位入賞し、同年六月に五輪代表を決める最終選考レースを待つばかりだった。しかし、このレース前に大会ボイコットが発表された。四〇年近く経ってこうふり返っている。

「今でも釈然としない思いがある（略）試合自体がなくなり、何のためにやってきたのかと思って、気持ちが切れてしまった」（『西日本新聞』二〇一九年八月二十三日）

その後、高岡は拓殖大学紅陵高校教諭、ビジネスホテル従業員、県議会議員秘書、水俣市

モスクワプレ五輪女子走り高跳び9位の八木たまみ。1979年7月23日
(写真提供：読売新聞社)

議会議員を経て、二〇一八年、市長に就任した。

バレーボール女子代表の三屋裕子は筑波大四年生だった。現在は日本バスケットボール協会会長を務めており、二〇二〇年東京大会の開催を強く望んでいる。

「私はモスクワオリンピックのボイコットを経験した人間です。選手には何とかオリンピックを経験させたい。一回オリンピックを逃すのは選手にとってかなり大きいので、チャンスがあるならどんな形でもいいから開催してもらいたい。諸外国からの観光客、応援の方々はお呼びできなくても選手は呼べるんじゃないか。PCR検査をして選手村で2週間待機してもらって何もなければ選手はプレーできると思います。(略)私もできる限り、オリンピックを開催し

てもらえるようにアクティブに動いていきたいです」（ウェブサイト『Basket Count』二〇二〇年六月二十八日）

走高跳女子代表の八木たまみは関東学園大四年生だった。太田市立商業高校時代に日本記録をマークしている。大学二年の時、一メートル九〇センチの日本新記録をたたき出した。八木は身長一六四センチだったので、空間征服抜き（記録と身長の差）は二六センチを記録した。当時の女子世界最高であり、ギネスブックにも掲載されている。モスクワ大会に出場していたら、メダルはむずかしかったかもしれないが、彼女の歴代最高記録を考えると六位以内の入賞は可能だったと言われた。関東学園大からのオリンピック代表は、今のところ八木ただ一人である。彼女は大学卒業後、引退し、スポーツキャスターなど芸能活動を行っていたことがある。

一九八四〜一九九二年大会

一九八四年以降のオリンピックでおもな大学生の活躍を見てみよう。

八四年ロサンゼルス大会。陸上の高野進（東海大）、アーチェリーの山本博とバレーボールの川合俊一（以上、日本体育大）、ボクシングの平仲信明（日本大）などがいた。山本は銅メダルを獲得している。平仲はのちにプロボクサーになり世界チャンピオンとなった。

この大会から新体操が競技種目に加わった。代表のなかに東京女子体育大二年生の秋山エリカ、研究生の山崎浩子がいる。同大学新体操部は一九四九年、大学開学とともに創部されている。全日本学生新体操選手権大会では一九五〇年から二〇一四年まで六五連覇を果たしている。インカレと呼ばれるスポーツの大学選手権で同一校が六〇年以上続けて優勝する種目は他にない。参加チームが少ないとはいえ、半世紀以上、一つの種目で日本一を続けるのは並大抵のことではない。八四年大会以降、日本女子体育大、日本体育大、武庫川女子大などが新体操に力を入れてきたが、それでも東京女子体育大の一強時代は続いていた。

八八年ソウル大会では、水泳の鈴木大地（順天堂大）が金、シンクロナイズドスイミングの小谷実可子（日本大）が銅を取った。

水泳代表で愛知教育大の学生、中森智佳子はソウル大会に続いて二回目の出場となる。彼女は鈴木大地の練習を見ていた。

「彼はコーチとのマンツーマンで練習をしています。プールがあって、メインコースはみんなで練習してるんですが、彼だけ本来使用しないすき間のコースを使って練習しているんですね。それも、金メダルを取るための練習をしているんです。当時ライバルとして金を争っていたのがアメリカの選手です。その選手は繊細な性格です。記録からすれば彼の方が上なのはわかっていたんです。ですから、決勝戦では彼に自分の泳ぎをさせないような動揺を与えることができれば、金メダルの可能性が出てくると戦略を練っていました。動揺を誘うためはバサロでどこまで先に進めていくか？　何回キックをして浮上するかっていうことを、ストップウォッチで計って作戦を考えたんですね。スタートから浮上するときにバサロでライバルよりも先の地点で浮上してくれれば、相手は驚いて焦ってしまうと踏んだんです。自分の泳ぎのペースを守れずにいたので最後の最後で失速したわけです」（ウェブサイト「こちら神保町」二〇一九年）

ソウル五輪水泳・男子100m背泳ぎの表彰式で金メダルを胸に観衆にこたえる鈴木大地。1988年９月24日（写真提供：読売新聞社）

九二年バルセロナ大会。体操の池谷幸雄（日本体育大）が銀、シンクロナイズドスイミングの奥野史子（同志社大）が銅を取っている。水泳の藤本隆宏（早稲田大）は大学卒業後、劇団四季のオーディションに合格し、現在も俳優を続けている。なお同大会では、早稲田大四年のバンデワーレ泰広が水泳でベルギー代表、同大学を九一年に卒業した堀江陽子がバレーボールでアメリカ代表となっている。

一九九六～二〇〇四年大会

一九九六年アトランタ大会では柔道の野村忠宏（天理大）が金メダリストとなった。柔道の田村亮子（帝京大）は銀、シンクロナイズドスイミングの武田美保（立命館大）と立花美哉（同志社大）が銅を取っている。野球の今岡誠（東洋大）も銅メダリストで、のちに阪神タイガースで活躍する。サッカーでブラジルに勝った「マイアミの奇跡」のメンバーに大学生はいなかった。

田村亮子は九四年、女子柔道部がなかった帝京大に入学している。なぜ、このころ女子柔道が強かった筑波大、明治大、日本大ではなく、帝京大に進んだのか。多くの柔道関係者は不思議に思った。一部のメディアは、強い縁故、経済的な補償など、その背景を探っていた。

田村（谷）は二〇年以上経って、帝京大理事長・学長、沖永佳史《おきながよしひと》との対談でこうふり返っている。

「谷　学長先生のお父さまには入学前から大変お世話になりました。柔道や学業を通じて、さまざまなものの考え方や受け止め方を教わることができ、とても有意義な学生時代だったと感じています。

（略）

谷　監督の稲田先生が今もお元気で、実際に練習をつけていただいたのですが、あの練習が金メダルに大きく近づいた一歩だったと感じています。

沖永　稲田先生の存在は大きいですね。

谷　小さいころから柔道の基本を教えてくださった先生です。先生の稽古のおかげで、世界選手権に行ってからも動じることなくいい試合ができました」（帝京大広報誌「Flair」二〇〇八年四月）

「学長先生のお父さま」とは帝京大創立者の沖永壮一であり、田村が高校時代から世話になったことがわかる。「稲田先生」とは、田村が七歳だったころからの指導者で小中高と教えを受けていた。そして、九四年、田村が帝京大に入学するとともに、稲田は同大学女子柔道部監督に就任する。オリンピック金メダルを獲得するためには、師弟関係を長く続ける必要があったということだろう。

二〇〇〇年シドニー大会で金メダルに輝いたのは柔道の井上康生（東海大）だ。水泳では中央大の学生のメダル獲得が相次いだ。銀が中村真衣（三年、一〇〇メートル背泳）、銅が田中雅美（四年）と源純夏（三年）である（四〇〇メートルメドレーリレー）。同大学からはほかに谷口晋也と磯田純子（いずれも二年）がいた。水泳部ヘッドコーチが次のように話す。

「シドニーアクアティックセンターの観客席に目を移すと、なんと我等が中大のCマークの旗が何本も振られているではないか。Cマークが世界デビューした記念すべき瞬間だった。何とも言えないうれしさがこみ上げてきた」（『中央大学学員時報』二〇〇〇年十二月二十五日）。

中央大からは野球で阿部慎之助が出場しており、同年にドラフト一位で読売ジャイアンツに入団する。

新体操では東京女子体育大の学生六人が活躍する。一年の村田由香里、中田真美。三年の岡森まどか、溝辺ゆかり、松永里絵。四年の中嶋理恵である。全日本学生新体操選手権大会五〇連覇のさなかだった。

女子柔道で銅メダルを獲得した山下まゆみは、純真短期大を経て東和大（福岡県福岡市）

アテネ五輪競泳女子800m自由形決勝　優勝し歓声に応える柴田亜衣。2004年８月20日（写真提供：読売新聞社）

に編入学している。卒業後、一九九八年に大阪府警察に入って二年目にオリンピック代表となった。東和大は六七年に開学したが、二〇〇九年に廃校となった。戦後の新制大学でオリンピック代表を送り出した大学が消滅したのは、ここだけである。ところが、二〇一一年、東和大学と同じ学校法人が新しい大学を開設する。純真学園大という医療系だが、柔道部はない。なお、山下は二〇一八年に近畿大女子柔道部コーチに就任した。

二〇〇四年アテネ大会では、四人の学生が金メダリストとなった。水泳の北島康介（日本体育大）と柴田亜衣（鹿屋体育大）、レスリングの吉田沙保里と伊調馨（以上、中京女子大、現・至学館大）である。水泳の松田丈志（中京大）とフェンシングの太田雄貴（同志社大）は上位に進めず、メダル獲得は大学卒業後の〇八年までお預けとなった。

アテネ五輪女子レスリングの祝勝パレードで、地元の人たちの声援に応える（左から）金メダルの伊調馨と吉田沙保里、銀メダルの伊調千春の各選手。2004年９月７日（写真提供：共同通信社）

ホッケー女子代表として、天理大関係者から七人選ばれている。学生の小森皆実と駒澤李佳、ＯＧの加藤明美、岩尾幸美、森本さかえ、前田明子、坪内利佳である。天理大女子ホッケー部は一九七七年に部員一人からの創設だったが、瞬く間に強豪校となった。全日本学生ホッケー選手権大会で一九八〇年から一九九二年まで一三連覇を果たしている。九三年に東海女子大に日本一の座を譲るが、九三年から九九年まで六連覇を遂げ、学生日本一は二〇回を数える。昨今では、山梨学院大、東海学院大、立命館大の四校が力をつけ、天理大は二〇〇三年以降、日本一から遠ざかっている。

二〇〇八～二〇一六年大会

二〇〇八年北京大会。柔道の石井慧（国士舘大）が金メダルを取ったとき、「斉藤先生（国士舘大監督の斉藤仁）のプレッシャーに比べたら、屁の突っ張りにもなりません」という名言を残している。体操で内村航平（日本体育大）が銀を獲得した。卓球の水谷隼（明治大）は代表に選ばれたが、メダルは獲得できなかった。銀を取るのは二大会先の一六年リオデジャネイロ大会である。サッカーでは無名だった長友佑都（明治大）が出場している。

福島大から女子陸上代表として人文社会科学系学域四年の青木沙弥佳、卒業生の池田久美子、丹野麻美、久保倉里美、木田真有の五人が代表に選ばれている。同大学からは戦前を含めて初めてのオリンピック出場だったが、一地方国立大学の学生がどうやって世界と戦えるアスリートになったのか。同大学陸上競技部の川本和久監督による独自の指導が大きい。川本監督は自著でこう話している。

「入学当初からすごい選手だったと思うかもしれませんが、実はそうでもありません。もちろん、才能も実力もありましたが、まだ荒削りで、走り方もきちんと習ったことのない子たちが大多数です。そんな彼女たちに教えることは、速く走るには、それなりの方法があるということです。『走ることとは』から始まり、力の伝え方やそのタイミング、そのための体の使い方の基本を頭にたたき込み、まずは理解させます。それを選手たちが、体の感覚として実感し、その精度を高めていくのです」（『福島大学陸上部の「速い走り」が身につく本』マキノ出版　二〇〇八年）

川本は筑波大体育学群出身で一九八四年に福島大教育学部（当時）の助手、陸上競技部監督に就任した。九一年文部省（当時）在外研究員としてアメリカ、カナダに滞在中、カール・ルイスのコーチ、トム・テレツから指導法を学んだ、福島大の川本監督の名前は、全国の高校生アスリートに知れわたっていた。彼の指導を受けたく、遠路、福島大を目指した学生も少なくない。日本体育大、早稲田大よりもはるかに魅力的だったようだ。

二〇一二年ロンドン大会。サッカー女子の岩渕真奈（駒沢女子大）は一一年サッカーワールドカップ大会優勝の最年少メンバーだった。水泳で銅メダルを獲得した星奈津美（早稲田大）は高校時代に北京大会に出場しており、その実績が評価されて、早稲田大のトップアスリート入試（世界大会出場レベルを選考）を受けて入学している。同入試について、早稲田大はこう説明する。

「この入試制度は、スポーツ科学に強い関心を持ち、在学中あるいは卒業後にトップレベルの競技スポーツ選手として、国際大会で活躍し得る者の入学を期待しています。そのため、出願資格は出願時点でオリンピックや世界選手権などの国際的レベルの競技大会への出場経験またはそれに相当するレベルの競技能力を有することとしています」（同大学ウェブサイト）

早稲田大関係者のオリンピック代表について、トップアスリート入試導入の前後を見ると、二〇〇〇年八人、〇四年八人、〇八年一四人、一二年九人、一六年一七人となっており、成果が示されたと言っていい。一九三六年ベルリン大会の四七人、六四年東京大会の四三人には遠く及ばないが、一九八〇年代以降、日本大、日本体育大の二強に優れた高校生が入学する現状が長く続いたことを考えると、なかなかの善戦ぶりだ。

卓球代表の福原愛も二〇〇七年に早稲田大のトップアスリート入試で入学している。青森山田高校時代、〇四年アテネ大会に出場し、十分に世界レベルだった。彼女は〇八年北京大会の代表となったが、メダルには届かなかった。福原はそれから、〇九年四月で早稲田大学卓球部の活動をやめ、物流会社サンリツ卓球部に所属して日本リーグに参戦し、さらに海外で行われるＩＴＴＦプロツアー、中国のスーパーリーグに戦いの場を求めた。より高いレベルで実戦を繰り返し、スキルを磨きたかったからだ。これでは早稲田大に通うことはできない。一〇年三月、福原愛は早稲田大を退学した。

その後、福原は二〇一二年ロンドン大会、一六年リオデジャネイロ大会の代表となり一六年では念願のメダルを獲得している。ところが、この二つの大会で、福原の出身校は早稲田大ではなく、青森山田高校となっている。〇八年は早稲田大である（JOCの選手団名簿記載）。早稲田大の「夏季オリンピック早稲田大学関係出場者」には〇八年にのみ掲載されており、一二年と一六年は早稲田OGのオリンピック代表として福原愛の名前は載っていない（同大学ウェブサイト）。中退のオリンピック選手は早稲田大学関係出場者には含まれない、という大学の考え方であろう。早稲田といえば中退が売りになった時代はあるが、オリンピックでは通用しないということらしい。

二〇一六年リオデジャネイロ大会では大学生金メダリストが六人も誕生した。萩野公介（東洋大）、レスリングの登坂《とうさか》絵莉と川井梨紗子と土性沙羅（以上、至学館大。一〇年に中京女子大から改称）、体操の白井健三（日本体育大）、柔道のベイカー茉秋《ましゅう》（東海大）である。陸上男子四×一〇〇メートルリレーで銀メダルメンバーの桐生祥秀（東洋大）は、一七年、日本で最初に一〇〇メートル一〇秒の壁を破った。大学在学中のことである。

学生のオリンピック代表が年々、減少傾向にあるなか、この大会では慶應大環境情報学部が「健闘」している。セーリングの土居愛実は同学部四年で、一二年大会に続き二度目の出場となった。大学体育会ヨット部には所属していない。大会前に、大学新聞が土居の様子をこう伝えている。

「メンタルの面はあまり心配していないそうだ。『ルーティーンの確立ができていれば、本番でも崩れることはない。緊張はするが、自分の対処法は持っている』と芯の強さを見せた。五輪への準備の傍ら、学業にも手を抜かない土居選手。基本的に海外合宿でレースの経験を積むため、日本での滞在期間は短く、大学にはあまり行けていないが、トレーニングの合間を縫って研究を進めている。土居さんの研究テーマは、『競技艇の再利用と環境問題』で、五輪直前のこの時期も、卒業プロジェクトに日々取り組む努力家だ」（『慶應塾生新聞』二〇一六年七月十日）

土居は二〇二〇年東京大会に代表が内定している。

トランポリンの棟朝《むねとも》銀河も環境情報学部三年で、体育会器械体操部で活躍している。棟朝は高校二年で難度点の日本記録を保持しており、慶應大に入ってからその記録を更新した。結果は四位入賞である。大会後にこう話す。

表8　オリンピック日本代表の出身者数第1位校（1952〜2016年）

年	開催地	大　学	人
1952	ヘルシンキ	日本大	11
1956	メルボルン	慶應義塾大	16
1960	ローマ	中央大	24
1964	東京	日本大、早稲田大	43
1968	メキシコシティー	日本大	22
1972	ミュンヘン	日本大	27
1976	モントリオール	日本体育大	25
1980	モスクワ〔候補〕	日本大	24
1984	ロサンゼルス	日本体育大	39
1988	ソウル	日本大	34
1992	バルセロナ	日本大	33
1996	アトランタ	日本大	26
2000	シドニー	日本大	18
2004	アテネ	日本体育大	22
2008	北京	日本体育大	26
2012	ロンドン	日本体育大	23
2016	リオデジャネイロ	日本体育大	32

「全10個ある技のうち、1つ目と7つ目に乱れがあったものの全て跳び切った。自身の点数を目にした棟朝選手は、メダルには絡まないだろうと思ったというが、初出場の五輪で4位に入り込む結果を残した。『最高の演技ではなかった』と悔しさを口にした棟朝選手。一方で、自らの実力や改善点を把握できた試合となったとも話す」（『慶應塾生新聞』二〇一六年九月二十四日）

歴代のオリンピック代表の出身大学別ランキングを巻末（在校生を含む）に掲載した（二七三頁〜二八六頁）。これを見ると大学がスポーツに力を入れてきた歴史がわかる。戦前は東京帝国大、東京高等師範学校、東京商科大などエリート学生も少なくなかったが、戦後は私立大学が台頭する。オリンピック日本代表の出身者数第一位校を表にまとめた（表8）。

一九六〇年ローマ大会の中央大は陸上、水泳、レスリング、ボクシングで圧倒的な強さを示す。一九六四年東京大会では日本大、早稲田大が一位を分け合った。日本大は水泳代表として一二人を送り出している。二〇二四年パリ大会を目指す池江璃花子が日本大に入学したのは、同大学水泳部の伝統に惹かれてのことかもしれない。一九七六年モントリオール大会からは日本大と日本体育大が競い合う。最近ではこの二校に早稲田大が加わったのは、前述したように、同大学でトップアスリート入試を導入したことが大きい。

大学生オリンピアンはまだまだ不滅だ。

第一〇章

一芸に秀でた新設校、マイナー競技強豪校

教育とスポーツの融合・環太平洋大

オリンピック代表選手を送り出すことができる大学は限られてしまう。関東地方の歴史と伝統がある大規模大学、体育系を中心とする大学だ。日本体育大、日本大、早稲田大がオリンピックの競技種目をほぼ網羅し、在学生や出身者のオリンピック代表選手数では他大学を圧倒している。

現在、大学は七八〇校以上ある。前回の東京大会が行われた一九六四年には二九一校しかなかったので、二・五倍以上に増えた。こうしたなか新しい大学がオリンピックで登場するようになった。

二〇〇〇年以降に開学したIPU・環太平洋大（岡山県岡山市）、了德寺大（千葉県浦安市）がその例である。

〇七年に開学した環太平洋大から、一六年リオデジャネイロ大会の女子柔道に梅木真美が出場した。二〇二〇年東京大会には女子柔道で体育学部二年の素根輝《あきら》が代表に内定し、共に卒業生の陸上男子四〇〇メートルの木村和史、陸上女子一〇〇メートルハードルの青木益《ます》

柔道・講道館杯。女子78キロ級で優勝した梅木真美（上）。2018年11月3日（写真提供：読売新聞社）

未《み》が出場を目指している。

なお、素根は二〇年七月末に同大学を退学し、マネジメント会社を通じてコメントを発表した。

「環太平洋大ではとてもお世話になり、心より感謝しております。八月一日より柔道だけに集中専念することになりましたので、今後ともご声援のほどお願い申し上げます」

大学にとっては残念だっただろう。だが、環太平洋大がオリンピック代表を育てたことには変わらない。同大学は短期間でどうしてここまで強くなったのか。

同大学の創立者で、同大学を経営する創志学園理事長であり、体育会会長の大橋博はこう語る。

「教育とスポーツの融合を目指す大学を作りま

ジャカルタアジア大会。陸上・女子100m障害で決勝進出を決めた青木益未。2018年8月25日（写真提供：読売新聞社）

した。教育のなかに、スポーツの良さを取り入れるため、たとえば、教員一人につき学生二〇人というメンター制（クラス担任制）を導入し、一期生が創った『体育会五訓』のもと、日々生きる指導をしており、学生が文武両道を実現できる環境を整えています。メンターは、博士号を持つ大学教員、国際大会で活躍した高卒のアスリートが同じ立場で指導しています。ここでは教員に学歴の差はない。彼らはまったくの同格なのです。このような非認知能力の育成によって、就職実績では、教員、警察官など希望進路への高い就職率を誇っています」

同大学は、体育、次世代教育、経営の三学部構成だが、一年生の七割が体育会に所属している。また、体育会指導者にはオリンピック、国際大会出場者の名が並ぶ。女子柔道部総監督は古賀稔彦《としひこ》（一九九二年バルセロナ大会で金、九六年アトランタ大会で銀メダルを獲得）らが就いている。

「まだ新しい大学なので、歴史がある都会の大学には有望選手のスカウト面ではなかなか勝てない。こうしたなか古賀総監督は土下座せんばかりにして、『わたしが絶対に責任を持ちます。お嬢さんを預かったら、すばらしい大学生活を送り、世界で活躍できる選手になることを約束します』と熱く環太平洋大を語る、その熱意が伝わり優れた選手がたくさん入るようになりました」

環太平洋大にはグループ校の創志学園高校（岡山市）があり、連携を強めている。大橋が続ける。

「スポーツの世界での高大連携によって高校三年、大学四年の七年一貫教育でオリンピックに出る選手を育成します。女子柔道では高校生が世界チャンピオンの練習を間近に見られる。これは大きな刺激になります」

柔道の了徳寺大

了徳寺大は、二〇〇六年に誕生している。〇八年北京大会の柔道代表選手には「了徳寺大学職員」が目に付いた。金丸雄介、小野卓志、平岡拓晃、佐藤愛子である。一二年ロンドン大会には平岡拓晃（銀メダル）、福見友子が出場した。そして、二〇二〇年東京大会では、ウルフ・アロンが代表に内定している。

開学してわずか数年で、オリンピック代表を送り出すことができたのは、了徳寺大創立者で大学理事長・学長の了徳寺健二の「柔道を通じて日本の国民に自信と誇りを回帰させたい」という強い思いによる。柔道部を作って優れた選手を大学職員として採用、オリンピック代表選手に育成した。

同大学柔道部の山田利彦監督が次のように話す。

「大学職員という仕事を通じて、彼らが優れた指導者となるように育成しており、ふだんは柔道に専念できる態勢になっています。オリンピック代表が大学で講義や実習に関わることがあり、学生にとっては大きな励み、誇りになっています」

現在、金丸は了徳寺大、小野は帝京平成大、平岡は筑波大、佐藤は東京女子体育大、福見はJR東日本で後進の指導にあたっている。

トランポリンの金沢学院大

一九八〇年代に女子大として開学、その後、少子化に備えて男女共学化した大学もオリンピック代表を輩出している。金沢学院大（石川県金沢市）は八七年に金沢女子大として開学、九五年には現校名に改称して男子を受け入れた。

二〇二〇年東京大会トランポリン競技で女子は金沢学院大の学生、森ひかる、男子は金沢星稜大出身の堺亮介が代表に内定している。石川県の大学が強いのは、国内競技トランポリン発祥の地と言われるからだろう。六四年、天理大器械体操部出身の塩野尚文が石川県内の高校にトランポリン部を作った。これを機に石川県でトランポリンが広がり小中学生、高校生、大学生などに普及したのである。

塩野の愛弟子には、二〇〇〇年シドニー大会に出場した丸山章子がいる。現在、金沢学院大のトランポリン部監督で、森ひかるなど優れた選手を育てている。丸山はスポーツ心理学の研究者でもあり、東京大会延期への対応についてこう話す（二〇二〇年五月）。

「今年（二〇二〇年）の七月に照準を合わせて厳しい練習をしていたのでショックでした。選手のどうしようもない気持ちを受け止めて、これからどうするか何回も話し合い、モチベーションを高め前向きで良い方向に持っていく。ここ数カ月はそれに取り組んでいました。今回のような不測の事態では、自分ではどうにもできないことに焦点を合わせず、自分がコントロール可能なところから考えプラスに転じさせていくことが重要です」

金沢学院大トランポリン部の特徴についてこう話す。

「常に自己ベストを更新。これをモットーにしています。自分ができなかったことをできるようにする。そのためには、一回一回の練習に真剣に取り組む、うまくいかなかったからといって途中でごまかしたり、ふざけたりせず、試合のつもりで最後まで誠心誠意の演技を続け着地する。一回の練習を無駄にしない。従って練習中、会話は少ないですね。もちろん、リラックスする時はあります」

ホッケーの東海学院大

一九八一年、岐阜県各務原市《かかみがはら》に東海女子大が開学した。各務原市はホッケーが盛んな街である。その歴史は六三年の県立岐阜女子商業高校ホッケー部創設にさかのぼる。六五年に岐阜県で開催される国体に向けてのホッケー選手の強化が目的だった。八〇年、市内でソニーが実業団チームを結成する（現・ソニーHC BRAVIA Ladies）。やがて、高校と実業団の間で選手を養成する場として、地元の大学にホッケー部が求められるようになった。

八五年、東海女子大に同好会としてホッケー部が誕生する。部員五人でのスタートだった。年々、力をつけて、九三年には学生チャンピオンになっている。二〇〇七年に東海学院大に改称して共学となる。県立岐阜女子商業高校も統廃合によって、〇五年開学の県立岐阜各務《かかみ》野《の》高校に引き継がれた。こうして岐阜各務野高校（岐阜女子商業高）から東海学院大（東海女子大）の女子ホッケーの人材育成ルートが確立する。いずれも高校、大学の日本一を何度も経験しており、女子ホッケーのエリートコースと言えよう。一六年リオデジャネイロ大会において出身校別では東海学院大から四人、岐阜各務野高校から六人の代表が選ばれている。

八九年から東海学院大で指導にあたる小林和典監督はこう話す。

「選手個々の能力を伸ばす。そして、攻撃、守備のスペシャリストを作ることを心がけています。ホッケーはセットプレーに特徴があります。試合に勝てるプレーができるように、緻密な練習を繰り返しています。一方で、選手がモチベーションを持って主体的に頑張れるよう、選手の意見を採り入れながら指導しています。明るくのびのびと元気に取り組めるような雰囲気です」

チームには幼少の頃からホッケーに慣れ親しんだ選手が多い。地元の専用練習場では少年団チーム、高校、大学、実業団のチームが練習する。

「高校と大学、大学と実業団が普段から練習試合をしています。レベルアップを目指すにはいい機会です。選手たちは妥協をしないで、トップを意識しながら練習する。高度なプレーができないからといってあきらめず、何度も挑戦する。一人できれば、数人ができるようになる。そんな環境で練習をしています」

二〇二〇年東京大会には東海学院大から四～五人の選手内定が期待される。

大東文化大テコンドー部

大学の歴史は古いが、オリンピック代表とはそれほど縁がなかった大学から、二〇二〇年東京大会の代表内定者が出た。テコンドー競技の、大東文化大（東京都板橋区）学生の鈴木リカルド、卒業生の鈴木セルヒオ、山田美諭《みゆ》である。

一九九二年、現テコンドー部監督の金井洋が大東文化大に入学する。金井は十六歳から日本代表選手として活躍し、以後、全日本選手権一〇回優勝、世界選手権六回出場を果たした。だが、金井の在学中、大東文化大テコンドー部は愛好会や大学公認の同好会だった。彼が卒業した九六年に体育連合会クラブに昇格したので、歴史は浅い。

大東文化大テコンドー部は着々と力を付けてきた。大学はこれを高く評価して部を応援し、「強化運動部」、そして「特別強化運動部」に指定するようになった。

金井監督は次のように話す。

「強豪校という実感はなく、良い選手に恵まれたのだと思います。国内で力を入れている大学が少ないこともあるでしょう。大東文化大には『頑張るものを応援しよう』という風土があり、私はそれを意気に感じ、結果で返そうと今日までできました。大学にとても感謝しています」

指導で心がけていることについてこう話してくれた。

「選手と常に向き合うことを心がけています。指導者と選手は上下の関係ではなく、共に歩んでいくものだと考えており、練習のスタートと終わりは、並ぶ選手の前に立つのではなく、円陣を組んでいます。選手には『～と思う』『～したい』という言い方を禁句にしています。自分で言い切ることで自身に責任を芽生えさせるためです。しかし、最近の学生は受け身がちで、あえて突き放して自分で考えさせるようにしています。こうした姿勢がオリンピックにつながっていくと思います」

ウィンドサーフィンの関東学院大

ウィンドサーフィン（セーリングの一種目）がオリンピックの競技に採用されたのは、一九八四年ロサンゼルス大会からだ。代表選手の在学校、出身校で最も多いのが関東学院大（神奈川県横浜市）で、延べ七人。なかでも富澤慎は二〇〇八年北京大会から二〇年東京大会（内定）で四回連続の出場となる。

関東学院大ウィンドサーフィン部の小池哲史監督が話す。

「朝は六時前には海へ出ています。他大も練習しており、選手にすれば競争意識が持てる環境です。私が船で沖へ出て選手を撮影。それをＬＩＮＥで共有してフィードバックし、技術的な面で指導しています。練習が終われば私は大学に出勤、学生は授業に出席、海が大学に近いというロケーションを活用しています」

練習は鎌倉市の材木座海岸で行われており、大学から車で三〇分以内で通える。ここには日本のトップクラスの選手が集まってくる。

入部する学生のなかで経験者は毎年一～二人いる。スポーツ推薦入学ではないが、経験者という学生もいる。高校にはウィンドサーフィンの部活動はほとんどなく、子どもの頃、地元のクラブチームで練習をしてきたケースである。

前出の富澤が初めて代表に選ばれたときは、大学を卒業して三カ月後だった。小池が続ける。

「今現役の学生が出場するためには、練習やレースの経験を多く踏むことが大切です。そのためにもフィジカルトレーニング、海上練習、国内外の大会に出場することが不可欠です。チャンスはあるので若い方にどんどん挑戦してほしいですね」

なぜ追手門学院大がアーティスティックスイミング？

アーティスティックスイミング（シンクロナイズドスイミング）では、追手門学院大（大阪府茨木市）の学生、出身者として、二〇〇〇年シドニー大会と〇四年アテネ大会に巽《たつみ》樹理、一二年ロンドン大会と一六年リオデジャネイロ大会には吉田胡桃《くるみ》が代表になった。一六年大会には中牧佳南《かなみ》も選ばれている。

ところが、追手門学院大にはプールがない。地元のクラブ、「井村アーティスティックスイミング」に属しながら、追手門学院大に通っていたのである。クラブの指導者はこの世界では第一人者の井村雅代だ。

同大学の谷ノ内識広報課長が話す。

「現在、巽さんは追手門学院大准教授としてコーチング論などを講じています。彼女が追手門学院大に入学したのは、大学がアットホームな雰囲気で教員と学生の距離が近い、大会や合宿で通学できないとき代替措置でレポートなどの柔軟な対応をしてくれたからだと言います。巽さんが大学とアーティスティックスイミングを両立する様子を見て、クラブの後輩の吉田、中牧が追手門学院大に進学したようです」

なお、追手門学院大では女子ラグビー部が特定強化クラブとなっており、二年生部員には二〇年東京大会の代表候補がいる。同大学併設の追手門学院高校にも女子ラグビー部があり、経験値が高い学生が集まっている。

新設大学が金メダルを目指す。メジャーではない競技で選手を育成する。大学はオリンピックのさまざまなシーン、シチュエーションで強烈な存在感を発揮してくれる。オリンピック代表に学生が少なくなったとはいえ、選手育成、練習施設、技術向上、指導者養成、競技普及などで大学が大きな役割を果たしていることを忘れてはならない。

第一一章

議論風発！教員たちのオリンピック学

ＪＯＣ理事を務める大学教員の声

アスリート育成、スタッフ、施設提供など、大学、大学教員は知を結集してオリンピックをハード、ソフト両面でサポートしてきた。

本書をしめくくるにあたり、多くの大学教員からオリンピック観を語っていただき、コロナ禍で大きく揺れる二〇二〇年東京大会のあり方を探ってもらった（二〇二〇年七月）。大会運営には大学関係者が多く関わっている。日本オリンピック委員会（ＪＯＣ）の山下泰裕会長は東海大副学長、教授を務め、理事には大学教員が就いている。東京オリンピック・パラリンピック競技大会組織委員会（組織委）にも大学教員が並んでいる。

ＪＯＣ常務理事の友添秀則（早稲田大教授・スポーツ教育学）はオリンピックの新しいスタイルを模索する。

「オリンピックは単なる世界選手権とは意味が違います。国際オリンピック委員会（ＩＯＣ）は世界最大のＮＧＯと言っても良くて社会運動体の色彩が強く、世界平和、人類共存を訴えてきました。しかし今、立ち止まるときが来ています。より速く、より高く、より強くを求め、進歩と向上が善と考えられてきましたが、新しい提案をすべきです。オリンピックの理念に立ち返り、環境への配慮や持続可能性を徹底させるなどです。二〇年大会は、豪華な大会にするのではなく、質素でシンプルさを打ち出せる絶好の機会です。だからといって、無観客にすべきではない。空間を共有するのがオリンピックの意義です、観客を少なくして日本人に限るのも一つの方法でしょう」

同じくJOC常務理事の尾縣貢（筑波大教授・スポーツマネジメント）は、選手強化本部長も務める。コロナ禍以降、大会「中止」の世論形成にこわさを感じたという。

「スポーツを少しも考えていない人の安易な言動によって、スポーツすることは悪という雰囲気が出てきました。残念です。中止したら日本経済に大きなマイナスを与えるのはもちろん、国民への精神的ダメージは計り知れません。来年ぜひ開催してほしい。その場合、感染症対策として簡素化が求められ、無観客もありえるでしょう。それでも意味はあります。オリンピックは単なるスポーツ競技大会ではありません。平和に向かう心のよりどころになります」

組織委メンバーの大学教員の声

組織委は①メディア委員会、②アスリート委員会、③文化・教育委員会、④経済・テクノロジー委員会、⑤街づくり・持続可能性委員会の五つの専門委員会に分かれている。組織委メンバーを務める大学教員を訪ねた。

文化・教育委員会の杉野学（東京家政学院大教授・教育学）は、特別支援学校教育の専門家である。

「障害者理解は、共に生きる社会をつくるために重要です。こうしたなかパラリンピック大会種目のボッチャ、ゴールボールなどが広く伝わることで、障害者への理解が進みます。大会を機に小中学生、高齢者が障害者スポーツを楽しみ、障害者との共存を可能にします。そのためにも大会を完全な形で開催してほしい」

コロナ禍の中で取り組む意義とは

同じく文化・教育委員会の深澤晶久（実践女子大教授・経営学）は資生堂出身。二〇一四年から大学でオリンピック・パラリンピック連携講座を開いてきた。

「大会を通じ、オリンピックのレガシーとなるものを体験する。これは学生にとって将来、大きなキャリアの一コマになります。せっかく東京開催という機会をもらった。コロナ禍といった厳しい環境を強いられているが、この『せっかく』を大切にして前向きに捉え、学生には会場などで一体感を味わってほしい。コロナに立ち向かい、安心、安全に大会が開催され、グローバル社会を実感できて良かったとふり返れる大会を望みます」

経済・テクノロジー委員会の矢ケ崎紀子（東京女子大教授・観光学）はこう語る。

「今から一年かけて、安全・安心という日本のブランドをさらに磨き、感染症対策は世界一と発信できるくらい、しっかりした受け入れ態勢ができることを望んでいます。外国人旅行者が、三密を回避して地方の観光地にゆったり滞在しながら、オリンピックを地元の人々とリアルタイムの映像で楽しめる。直接観戦できる東京だけでなく、このようにも受け入れられればと思います。オリンピックをきっかけに、インバウンド観光が回復してほしいですね」

街づくり・持続可能性委員会の横張真（東京大教授・都市環境計画学）は真夏の暑いさなか

での競技が選手や観客の健康上に大きな害をもたらすと警鐘を鳴らしてきた。

「感染症の世界的な拡大状況を見る限り、一年先の延期が現実的なのか疑問です。それに、延期であれば、昨今の気候変動も考慮して十〜一一月にすべきで、来年七月開催の決定は残念です。感染症拡大、気候変動による自然災害、大規模地震など、これから人類は厳しい試練に立ち向かわなければなりません。こうしたテーマをオリンピックにこめれば、とても意義深いものになります。メダル数や世界記録を競うことに目的をおくのではなく、世界各国、各地域が対立を超え、感染症のような人類共通の困難な課題に取り組む象徴として、オリンピックを考えていきたい」

新時代のさまざまなオリンピック案

組織委は専門委員会とは別に大学連携検討会がある。同会メンバーの來田《らいた》享子(中京大教授・スポーツ社会学)はこう話す。

「大会は命と引き換えに開催するものではない。それはオリンピックの精神に反します。今、大会運営では、経済的利益を中心に議論が進んでいます。だが、本来はそういうものではないと、コロナ禍は気付かせてくれるのではないでしょうか。企業やインバウンドの利益でなく、長い目で見た人類の利益の観点から、オリンピックを捉える必要があります」

オリンピックには、社会のあり方が反映される。象徴的なのが人類共存、平和の追求だ。コロナ禍、黒人差別問題などを契機に新しい考え方が加わるだろうか。

「人権問題は、社会とオリンピックの関わりにとって、これまで以上に大きなテーマになりうると思います。人権は大会の副産物のようにして、少しずつ広がってきました。この流れは、近代以降のスポーツで基準とされてきた強さ、速さ、高さを競う考え方を変えていくことになるかもしれません。ジェンダー、ＬＧＢＴＱ、障害者、経済格差の観点から、スポーツの新しい価値が生まれることを期待しています」

同じく大学連携検討会の和田浩一（フェリス女学院大教授・オリンピック史）は、クーベルタン研究に取り組む。一九一六年開催予定だった大会が第一次世界大戦で中止になったとき、クーベルタンは「大会は中止でも良い。でもムーブメントは途切れない」と話したという。

「新型コロナウイルス感染拡大の終息は一年では無理でしょう。今回の大会を中止にして、次は二四年パリ大会でいいと思いました。ただ、クーベルタンの時代とは違い、今、ＩＯＣと国際競技連盟（ＩＦ）はハコモノを要求し、開催地は経済効果を期待します。オリンピックはあまりにも大きくなりすぎてしまいました。中止になったときの影響が小さく済むような大会を考えていくべきでしょう。また、これまでのように選手同士がハグする大会ができるのか、といった物理的な距離の取り方も問われるでしょう。それでも選手の躍動に感動するような大会を考えてほしいですね」

オリンピックを学問的にアプローチする大学教員が、大会開催の意義、そして懸念を話してくれた。

石坂友司（奈良女子大准教授・スポーツ社会学）は大会開催への逆風に危機感を抱く。

「自粛の要請で社会生活が成り立たないと言われるなか、オリンピックという言葉がＮＧワードになっています。大会が中止になれば日本のスポーツが下火になり、運営できなくなる競技団体が出てくる。アスリートの生活を支えることもできない。日本のスポーツ界にとっては大きなダメージとなります」

どうしたらいいだろうか。

「コロナ禍と切り離して、文化としてオリンピックの価値を考えてみる。なぜスポーツを行うのか、スポーツとは何かまでも問い直す。そして、オリンピックについた贅肉、つまり商業主義という衣をはがし、必要最小限で行う大会を考える。無観客もありえます。極端な話、

『二〇年東京』でなく開催年や開催地が違っても『東京大会』と認めていい。今度の大会はオリンピックのあり方を見直す最初で最後の機会と、私は考えています」

原田宗彦（早稲田大教授・スポーツマネジメント）は運営面でこんなアイデアを出してくれた。

「オリンピック開催は不要不急ではない。人類にとっては完璧な平和維持装置です。それを中止することはありえません。オリンピックを止めるな、と世界中に呼びかけ、クラウドファンディングを行うというのはどうでしょうか。その際、ＩＯＣがオリンピックのマーク使用、関連グッズ販売を認めて、世界中から資金を募るのです。そして、ポストコロナとして、二〇年大会から、たとえば、カーボンフットプリントを活用し二酸化炭素発生をおさえるなど、気候温暖化対策を実現できる政策を織り込む。そんな新時代のオリンピックを考えてはどうでしょうか」

師岡文男（上智大名誉教授・国際スポーツ研究）は次のように話す。

「安心、安全を考えたら二二年に北京と東京で冬夏同年開催にすることが最善策だと思います。最も大切なことは、オリンピックの目的〝すべての人が差別を受けることなく共生でき、スポーツすることが人権の一つとして保障される平和な社会を作ること〟を忘れないことです。インターネットで過去最多の人々が観戦し共感できる今、無観客であっても、濃厚接触競技を削減しても、選手の参加国数は減らないよう出国前のオンライン診断・PCR検査の実施、日本への二週間前入国の義務化、選手村での徹底的な健康管理、競技場以外への外出禁止などが、現状では二一年開催に必要だと思われます」

負の側面への告発

杉本龍勇《たつお》(法政大教授・スポーツ経済学)は、一九九二年バルセロナ大会に出場した。オリンピックが商業主義を優先させた弊害をこう指摘する。

「今、世界各国で代表選考を平等に行うことが重要な問題です。観客やインバウンドなど日本側の事情を心配するのは二の次です。選手の体調を考えず、アメリカ時間に合わせた決勝など、商業主義に基づくスケジュールを変えるべきです。東京大会を来年に延期しても、スポンサーの都合で七~八月に開催する。夏の炎天下に走ったら選手は死にますよ。アスリートファーストなんて言葉が出てくるのは、このようにファーストになっていないからです。開会式などのイベントで時間をかけたハデな演出は必要ありません。選手が高いレベルで競い合えば、それだけで十分、スポーツの本質を楽しむことができます」

高峰修（明治大教授・スポーツ社会学）は暴力やハラスメントの問題に取り組む。二〇一二年末に、柔道女子チームで日本代表クラスの選手が暴力行為、ハラスメントで監督を訴えた事件が起こった。各種目でオリンピックに向けた準備で体罰、ハラスメントは起こらないか、その対応策を聞いた。

「スパルタ的な指導は一九六四年東京大会で成功しました。それが負の遺産として今でも引き継がれています。メダル獲得で成果を出してきたからです。体を壊すような猛烈な練習、暴力すれすれの指導を、関係者やメディアまでもが持ち上げていました。今は以前よりも改善されましたが、指導上の根本的な考え方は変わっていません。また、メディアにも問題がありますｌ。女子柔道問題で選手が指導者から張り手をされる場面にいた選手は、その様子をテレビ取材班が見ていたと話しています。メディアは問題が発覚するまで報じなかったのですから」

自分が暴力的な指導を受けて育った指導者は、暴力などの不祥事を容認しがちという。

「受ければ誰もが受かるような指導者養成制度は改善すべき。暴力的な体質をなくすために、スポーツ界の法令遵守、ガバナンスが徹底されているかを外部から監視、評価するシステムを作ることも必要でしょう」

仁平《にへい》典宏（東京大准教授・社会学）は、東京大会のボランティア批判、たとえば「やりがい搾取」と言われた背景を探っている。

「災害ボランティアなどとは違い、今回のオリンピックは、誰のために行うのかという公共の物語が成立していません。そのため、結局商業イベントだから対価を払えという声が生じました」

学生がオリンピックでボランティア活動しやすいように、学事暦を変更、単位付与などを考える大学があった。

「学位の意味が問われています。本来単位は専門知の習得に対し与えられます。国家行事に協力するだけで単位を出すのは、その大学の学位の軽さを宣伝するようなもので、高等教育機関として自らの存在を否定しています。たとえば教員が、ヘイトスピーチが横行する世の中で国際交流は可能か、といった授業の一環として活動を位置づけ、事後レポートの内容に対し単位を与える形なら、まだ理解できます。だが、国の意向に従い学生をボランティアに動員するだけなら、大学の自治の放棄につながりかねません」

学長たちの意見

大学の学長にも意見を求めた。

宮内孝久（神田外語大学学長）は三菱商事で代表取締役副社長などを歴任した。グローバルな視点から大会のあり方をこう語る。

「オリンピックが巨大すぎて、強力なスポンサーをいくつもつける、独裁的な全体主義国家体制のもとで行うしかなくなった。それによって、大会運営が不健全なものになる危険性もあります。二〇年大会以降、新しいオリンピックが求められるでしょう。リアルではなくバーチャルな世界での競技、たとえば、東京、パリ、ロンドンなど各地で競わせるなどがありえます」

真銅《しんどう》正宏（追手門学院大学学長）はアスリートの競技年齢から大学の役割を考える。

「大学生の年齢一八〜二二歳という年齢は、多くの種目で最も好成績が生まれるピーク期にあたります。大学としてオリンピック代表に選ばれる超一流選手が練習、試合に専念できるようにしたいですが、たいていの大学で部活動は教育の一環なので特別扱いはできません。

成績が悪いと試合に出場できないところもあります。大学のサポートのあり方については検討の余地があります」

学者たちのオリンピック批判

学問的な見地から大会開催に反対、あるいはオリンピックのあり方を厳しく批判してきた大学教員がいる。

阿部潔（関西学院大教授・社会学）は、新型コロナウイルスに打ち勝つ証しとして、オリンピックを持ち出した主催者の姿勢を、「気安く無責任」と苦言を呈す。

「IOCがすぐに大会の延期を決めなかったところに、アスリートよりもマネーファーストが示されています。パンデミックのもとで練習をするアスリートの健康を考えていない。また、一年延期といっても来年どうなるかは誰もわからない。こうしたなかでアスリートは精神的、肉体的なコンディションをどうやって保ち続けたらいいか。あまりにも酷すぎます。今回、延期になったことで、オリンピックが抱えるさまざまな問題を議論してほしい」

小笠原博毅（神戸大教授・社会学）はオリンピック中止を強く訴えてきた。

「コロナ禍によって東京大会中止は止むをえない、ということを口に出していいような雰囲気になり、オリンピック賛成から反対にまわる学者、評論家がいます。私は『コロナ転向派』と呼んでいますが、彼らはオリンピック自体の意義まで追及しているわけではありません。オリンピックは不透明な部分が多すぎる。経済効果がまやかしであり赤字にしかならないなどの多くの問題は以前からわかっていたことです」

クーベルタンの理念を根拠に今のオリンピックのあり方を批判するスポーツ学研究者について、小笠原は違和感を覚えるという。

「彼らはまるでクーベルタン教の信者のように理想を説きます。しかし、誰が大会を仕切っているのか、お金の使われ方がどれだけ不透明なのかを知るほど、クーベルタンの理念自体を見直さなければいけないはずです。もはやオリンピックはスポーツを代表しません。そこをJOCや組織委に近い学者がどう折り合いをつけているのか不思議でなりません」

山本敦久（成城大教授・スポーツ社会学）もスポーツ学研究者の姿勢に疑問を投げかける。

「大会を推進、普及、発展させるという立場で、オリンピックに学問的な価値を見出し研究に取り組み、オリンピックをポジティブに捉えるがゆえに関連する研究に予算がつき、大会関係者になる。そこにしがらみができてしまうので、大会をきちんと批判できなくなってしまいます」

今、コロナ禍でオリンピックどころではない、という意見が少なくない。都知事選の候補者は「中止」「延期」を争点にあげた。逆風である。

「それ以前に、震災復興と言いながら被災者はまだ大変な思いをしている。国家予算を使い広告代理店が金儲けする、招致をめぐって贈収賄が疑われるなど、信用できない話がどんどんでてくる。普通の人が大会開催を疑問視するなか、それに対して学者に耐性がありません。オリンピックに中立的な立場をとる、自分の政治的スタンスなしにアプローチする学者がいますが、学問的といえるでしょうか。学者は、オリンピック自体が持つ権力性を読み解き、問題点を指摘するべきです」

反資本主義、反ナショナリズム

ほかにオリンピックに反対する大学教員を紹介しよう。

神戸大准教授の原口剛はオリンピックを貧富の戦争と位置付ける。競技場、宿泊施設の開発などのインフラ整備によって低所得者層、貧民が住む場所を失ってしまう。「インフラを支配階級の好きにさせない、都市を民衆の手に奪い返す」ことを訴えて、こう檄を飛ばしている。

「真に重要なのは、『開催できない』という域を踏み越えて、それを『開催させない』都市状況を生み出すことなのだ。貧富の戦争のなかで命を奪われてきた犠牲者たちの声に、耳をかせ。生活を破壊されている人々の、怒りに呼応せよ。資本主義の暴虐を、私たちの手で終わらせるために」（小笠原博毅、山本敦久編著『反東京オリンピック宣言』航思社　二〇一六年）

同大学教授の塚原東吾（科学技術史）は、東京大会が二〇一一年三月の東日本大震災の原発事故を強制的に忘却させる機能を持っている、と見ている。安倍首相（当時）が言明した福島の「アンダーコントロール」がすこしもなされておらず、状況は悪化したままである。だが、オリンピックはそれを覆い隠そうとしている、ということだ。原発事故は非常事態をもたらしたが、それは資本主義的な収奪システムを作り出し、経済格差が広がりつつあると分析している。それゆえ、東京大会の返上を訴えてきた。

大阪府立大教授の酒井隆史（現代思想）も安倍首相の「アンダーコントロール」および、首相がこの発言にまったくの無自覚であることを深刻に受け止めている。

「本来、公人が恐怖を感じるべきは、このようなきわめて重大な問題において、しかも世界に対して無責任な嘘をつくことであるはずだ。しかし、そうしたジレンマのようなものは安倍首相からは、微塵も感じることができない。このこと自体、驚くべき事態であり、また、大メディアがほとんど問題視しなかったことも驚くべき事態である」（前出『反東京オリンピック宣言』二〇一六年）

酒井は、社会の死命をも決める問題について、国のトップがオリンピック招致演説という公の場で発した「虚言」がまかりとおり、それが日本の社会がオリンピック開催を前提に許容されたことを問題視した。

富山大名誉教授の小倉利丸（経済学）は、スポーツ、なかでもオリンピックについて、社会の支配的な価値観やイデオロギー、政治的な支配の構造のなかでしか存在しない、と考えている。そして、政治や社会と切り離して、スポーツを崇高なものと持ち上げることに疑念を抱き、次のように話す。

「オリンピックがナショナリズムの祭典となり、大企業のスポンサーによって商業化する構造こそが、純粋なスポーツという存在したことのない身体の神話を支えているのです。スポーツは明らかに、私たちが対決しなければならない近代資本主義のイデオロギー装置の一翼を担っています。理屈とちがって感情を否定したり疑問に付すことは簡単ではありません。

オリンピックに反対する運動とは、究極的にいえば、オリンピックの選手に感動する多くの人々の感情に棹差すことですから、容易なことではありません」（ピープルズ・プラン研究所パンフレット「東京オリンピックと生前退位」二〇一八年十一月十八日）

「国辱もの」のベルリン大会選手団

二〇二〇年東京大会（二一年夏開催）はほんとうに開催できるのだろうか。冷めた目でみる大学教員は少なくない。スポーツ学とはまったく違う専門家でも、学者の良心としてオリンピックのあり方を問い続ける、意見番は必ずいる。たとえば、オリンピックを平和の象徴とみなしてどんなことがあっても支持する人、オリンピックによる開発で貧富の差が広がるので廃止すべきと訴える人などさまざまだ。

ここで歴代のオリンピックについて、大学教員がどんな発言をしたか。ふり返ってみよう。

一九三六年ベルリン大会。

日本の代表選手の大学生がベルリンからの帰路、旅客船の鹿島丸でたいそう行儀が悪い振る舞いをしたことが明らかになった。当時の報道によれば、泥酔しケンカする。飛んだりはねたりする。大声で叫ぶ。いつも喫煙室を占領した。救命ブイを海中に投げ込むなど、である。

鹿島丸には東京帝国大教授の田中耕太郎が乗船しており、帰国後、新聞で「見聞記」と評して、代表選手団に対して「無教養ぶり」「国辱もの」と激しく批判している。

「選手の資質の問題については現代教育制度の欠陥を指摘しなければなりません。アマチュア精神を忘れて学業は第二、第三、ただ記録をだけ争って人格の陶冶を忘れているところに禍根があるのです、これを改めるには教育制度を改めねばならない。

有名な選手を看板にして学校を宣伝しなければならないような現在の事業的学校の制度がいけないのです、これは大きな問題として文部当局によく考えてもらいたいことです」(『読売新聞』一九三六年十月二十五日)

田中教授はこう言いたかったようだ。オリンピック代表の学生が勉強を疎かにしてスポーツばかりやっていたことに問題がある。これについて大学は代表選手を広告塔に使いたいので放任している、そんな現状を文部省はきちんと調査して改めさせなければならない、大学入試で学問よりもスポーツの秀でた者を入れて、その後、「人格の陶冶」をまっとうする教育を行っていない、と。

一九二四年大会あたりまでは、スポーツも学問もという学生がオリンピック代表になっていた。だが、二八年大会以降、代表に私立大学の学生、出身者が多くなる。「スポーツ推薦」入学が機能し始めたことで、勉強が苦手で学問とは縁遠い学生が現れた。こうしたスポーツ学生は素行が悪いと、決めつけるのは合理性に欠けるが、田中教授はがまんならなかったようで、酔って暴れるような学生を受け入れた大学の責任まで追及せんばかりだった。

マルクス主義を学んだ学者が見た四〇年東京大会

一九四〇年東京大会。

大会返上で幻となる前のことである。東京帝国大教授の宮澤俊義はオリンピックに関する希望と注文として、次のように記している。

「立派な組織を作って統制的に準備してもらいたいとおもいます。運動界によく見られる醜悪な賞争はこれを機に根絶させたいものです。それから会場の工事やら何かについては疑獄の発生の防止に十全の注意を払うことが肝要でしょう」（月刊誌『改造』一九三六年九月号）

宮澤は法学者として法曹界に大きな影響を持っており、戦後は憲法学者の泰斗として知られる。一九三〇年代に起こった建築工事をめぐる贈収賄案件を目の当たりにして、四〇年大会での競技場建設にからんで不正が行われないようクギをさしたかったようだ。

戦前から哲学者として著名だった戸坂潤（一九三〇年代に法政大教授）は、オリンピックの功罪について、『週刊エコノミスト』に執筆している。戸坂の寄稿について、前出、関西学院大教授の阿部潔は自著でこう分析している。

「楽しいオリンピックは同時に『日本國民に対して或る種の教育的効果を有つ』点に、戸坂は注意を向ける。なぜなら、多くの外国人が訪れることで日本に対する国際的評価が『民衆の風俗生活を見て下される』ようになると、日本人自身が『國民の幸福というものが正直にいってどこにあるか』をあらためて考えるからだ。そのことで『民衆の日常生活のために日本はもう少し國庫を費してもいいではないか』との気持ちを人びとが抱きはじめることに、戸坂は期待を寄せる。それと逆に軍部は、オリンピックを介して民衆が自らの生活状態に疑問を抱く危険があるからこそ『お祭り騒ぎはクダラぬ極み』だと言って白眼視すると論じる」（『東京オリンピックの社会学』コモンズ 二〇二〇年）

あざやかな分析である。オリンピック開催によって、今の言葉でいうグローバル化が起こり、日本が世界から遅れていることが白日のもとにさらされる。それによって、民衆が生活改善を求める。当時の資本主義体制への批判が醸成されかねない。マルクス主義を学んだ戸坂にすれば、そうなれば社会は良くなると希望を抱く。当然、軍部はいやがる。一九四〇年東京大会に軍部が乗り気でなかったのは、戦局が思わしくないという理由のほかに、日本の経済格差、貧困性を公にしたくなかったからと穿った見方ができる。

モスクワ五輪ボイコットについての学者の賛否

一九八〇年モスクワ大会ボイコットについては学者のあいだで意見が分かれた。

同年、JOC総会でボイコットの賛否について、JOC委員の決をとったところ、賛成二九、反対一三だった。これによってJOCがオリンピックのボイコットを発表した。反対票をあげたなかには、早稲田大教授の大西鉄之祐（スポーツ学）がいる。ラグビー指導者として有名である。なお、オリンピックの競技種目にラグビーが採用されるのは二〇一六年からである。JOC総会で大西は反対論をぶっている。

「今日の問題は、体協ならびにJOCの日本の将来のスポーツに関する政策の根本問題について、政府が干渉してきたということだ。われわれは戦時中のいろんな問題を抱え、そうして、戦後の問題を抱えてやってきたが、少なくともここでは、やはり自由主義と民主主義を土台にするスポーツ感を持って、われわれは共通の精神を持ってやっている。（略）現代においてオリンピック以外に世界の平和運動として活躍しているものはほかにないということだ。だから私は、オリンピック運動に非常に大きな力を捧げているわけだ。オリンピックは今やスポーツの祭典ではなしに、宗教の祭典のごときものだと私は思う」（松瀬学『五輪ボイコット　幻のモスクワ、28年目の証言』新潮社　二〇〇八年）

ＪＯＣ総会に出席していた、日本体育協会会長の河野謙三・元参議院議員は、政府の干渉発言に烈火のごとく怒った。

社会はどのように受け止めていたか。読売新聞が行った全国世論調査によれば、ボイコット賛成が約四〇パーセント、反対三四パーセントとなっている（一九八〇年二月二十三、二十四日実施）。メディアで賛成の論陣をはる著名人のもとには右翼の宣伝カーが押しかけ大声で抗議活動するシーンも見られた。これまで社会的な発言を数多くしてきた大学教員がモスクワ大会については沈黙を守るケースもあった。

論壇ではボイコット賛成は保守系、反対にはリベラル系と見られていた。だが、モスクワ大会への参加はソ連を利するという見方もあって、ソ連に批判的なリベラル系大学教員も賛成にまわっている。東京大の西義之教授（ドイツ文学）は、産経新聞「正論」の執筆を続けており、保守系文化人と呼ばれていた。ソ連国民に知らせたい、各国が不快感表明では効果がない、と訴えて新聞にこう投稿している。

「せめてボイコットすれば戦争の危険を、ソ連の幹部ではなく、一般国民に伝えられるのではないかと願っているだけである。（略）オリンピックが平和の祭典なら、平和指向の『政治』のために、その不参加が使われるなら、オリンピックももって瞑《めい》すべきではなかろうか」（『朝日新聞』一九八〇年二月）

早稲田大教授の堀江忠男（経済学）は、三六年ベルリン大会にサッカー代表として出場している。戦後は早稲田大の指導者となり、釜本邦茂、西野朗、岡田武史らを育てた。こう話している。

「政治的良心に照らして出る気があるなら出なさい、ナチの宣伝に使われたベルリン大会と同じように、ソ連の宣伝に手を貸す気があるなら出なさい、といいたい。ただ走りたい、泳ぎたいというだけではスポーツ馬鹿ではないか」（『朝日ジャーナル』一九八〇年六月六日）

日本で最初のオリンピック代表の金栗四三（一九一二年、二〇年、二四年大会出場）はこのころ、まだ存命で八十九歳だった。半ばあきらめの境地でこう話している。

「むかしとちがって世界は国際化が進み、その結果、国同士の利害がぶつかり合うようになった。この流れは止められない。昔のように、友好第一の五輪は、どう知恵をしぼっても無理だと思う」(『朝日新聞』一九八〇年二月三日)

二〇〇八年大阪オリンピック、IOCで六票

一九八四年ソウル大会。この大会に愛知県名古屋市が立候補したことを知る者が次第に少なくなっている。一九八一年IOC総会で開催地を決める投票が行われ、ソウルに五二対二七の大差をつけられて負けてしまう。日本国内では名古屋優勢と言われていた分、準備委員会の関係者の落胆は激しかった。一方で、地元で反オリンピック運動に取り組んでいた大学教員がいた。愛知教育大教授の影山健(スポーツ社会学)で、こう訴えている。

「膨大な財政負担を市民や県民に強いるだけでなく、自然環境を破壊し、生活環境を悪化させる。また、物価は上昇し、教育や福祉の向上が抑制される。(略)メインスタジアムの候補地の一つである名古屋市の平和公園は、市民に残された唯一の自然地帯であるといってよい。市民たちは、老若男女、春夏秋冬を通して、思い思いに、この自然を楽しんできた。しかし、スタジアム建設が決まれば、その三分の一以上が壊される」(『朝日ジャーナル』一九

八一年九月十八日号）

二〇〇八年北京大会。この大会には大阪市が立候補したが、一回目の投票で六票しか取れず惨敗する。大阪オリンピックの基本理念作成にかかわった大学教員がいた。大阪体育大教授、のちに学長となる永吉宏英（スポーツマネジメント）である。

「『なんで大阪で五輪なのか』という意見を多く聞いた。私は二十一世紀の五輪は、なぜ大阪で、という考え方は捨て、もし大阪で開くならこういう理想を表現する、というメッセージを提供するのが大切と思う」（『朝日新聞』一九九六年二月二日）

永吉の「こういう理想」とは、たとえば、東洋的な視点を織り込み、近代スポーツの硬直化したひずみを照らし出す、というものだった。だが、それはかなわなかった。

そして、二〇年東京大会である。

大学教員がオリンピックを論じることで、日本の姿、国際社会、政治経済、戦争と平和、環境、感染症、科学技術などの分野、領域でさまざまな問題が提起される。そこから学問知、教養知が広がり、大学からの発信はオリンピックにとって重要な役割を果たす。選手やスタッフとして大会に関わるだけでなく、オリンピックを論じる、あるいは監視するという意味で、大学とオリンピックの親和性は極めて高い。

あとがき

きっかけは一九六四年東京大会で学生の存在感の大きさを知ったことである。代表選手だけではない。練習相手、通訳、運転手、選手村スタッフとして学生が縦横無尽に活躍していた姿はかっこよかった。

そこで、大学とオリンピックの関係を探ろうと調べ始めた。すると、大学とオリンピックは片思いの関係ではなく、相思相愛の仲だったことがわかった。大学は育んできた人材、磨き上げた叡知をオリンピックで生かしている。オリンピックは大学の優秀な人材、最先端知識や技術を存分に活用していた。

日本のオリンピックの歴史をふり返ると、大学の力なしには、大会参加や運営にしっかり関われなかったはずだ。そうわたしは読み取った。

オリンピックのこんなところにも大学が使われているのか、あんなところにも学生が登場するのか、と発見するたびに楽しかった。大学がたのもしく思えた。

二〇二〇年東京大会。一九六四年大会よりも大学、大学生の数ははるかに増えているが、残念ながら、以前に比べて相思相愛の仲というわけではない気がする。ボランティア従事の学生を無理強いする「使い捨て感」は否めない。二〇二〇年大会は一九六四年大会に比べて、オリンピック運営側の大学に対するリスペクトが乏しいのは残念である。

論じる対象としてのオリンピックにも、大学人が多く参戦している。東日本大震災、原発事故、そして、安倍晋三前首相、小池百合子都知事などはオリンピックを語る上で欠かすことができない。そして、これら以上に新型コロナウイルス感染症拡大は二〇二〇年大会の命運を握ってしまった。

このような状況のもと、大学人のあいだで大会開催賛否で意見が分かれている。これはオリンピックが政治、経済、国際関係、平和、ジェンダー、社会学、スポーツ学、医学、医療など、アカデミズムの世界にたっぷり話題を提供してくれたことによる。これでまた大学とオリンピックの相性は良くなった。

そこで、本書では大学とオリンピックの親和性の高さについて、さまざまな観点からアプローチしてみた。初出は「中央公論」誌の連載（二〇一九年十一月〜二〇二〇年九月号）である。連載を担当していただいた黒田剛史氏（中央公論新社「中央公論」編集部）、中公新書ラクレの一冊としてていねいに作ってくださった兼桝綾氏（同社書籍編集局ノンフィクション編集部）にお礼を申し上げたい。また、選手やスタッフなど、オリンピックに関わった多くの方から貴重な話をうかがうことができた。たいへんありがたく、感謝の念でいっぱいだ。みなさんの敬称を略させていただいたことをご容赦願いたい。

大学に注目しているがオリンピックに関心がない、オリンピックは大好きだが大学に興味がない——そんな方にもぜひ、読んでいただきたい。大学の知られざる謎、オリンピックの明かされなかった秘密に迫ることができるだろう。それは大学、オリンピックが放つとんでもない魅力であり、引きつけて離さない魔力といえる。

小林哲夫

二〇二〇年九月

おもな参考文献

『遺書 東京五輪への覚悟』（森喜朗　幻冬舎文庫　二〇二〇年）
『オリンピックの終わりの始まり』（谷口源太郎編著　コモンズ　二〇一九年）
『オリンピック史』（伊藤明　逍遥書院　一九五九年）
『オリンピック選手村物語1964』（三枝勝　幻冬舎メディアコンサルティング　二〇一八年）
『オリンピックの輝き ここにしかない物語』（佐藤次郎　東京書籍　二〇一九年）
『オリンピック東京大会と政府機関等の協力』（文部省　一九六五年）
『オリンピック読本』（鈴木良徳　旺文社　一九五二年）
『オリンピック物語』（織田幹雄　朝日新聞社　一九五二年）
『嘉納治五郎――オリンピックを日本に呼んだ国際人』（真田久　潮出版社　二〇一八年）
『現代オリンピックの発展と危機 1940-2020――二度目の東京が目指すもの』（石坂友司　人文書院　二〇一八年）
『五輪と戦後――上演としての東京オリンピック』（吉見俊哉　河出書房新社　二〇二〇年）
『五輪ボイコット――幻のモスクワ、28年目の証言』（松瀬学　新潮社　二〇〇八年）
『一九四〇年第十二回オリンピック東京大会東京市報告書』（東京市役所　一九三九年）

『スポーツ社会学』（森川貞夫　青木書店　一九八〇年）
『1964年 東京大会を支えた人びと』（笹川スポーツ財団　新紀元社　二〇一九年）
『体操日本栄光の物語――金メダルの王者の百年史』（小野泰男編著　日本体操協会　一九七二年）
『東京オリンピックの社会学――危機と祝祭の 2020 JAPAN』（阿部潔　コモンズ　二〇二〇年）
『東京は燃えたか オリンピック 1940-1964-2020』（塩田潮　朝日新聞出版　二〇一八年）
『TOKYO オリンピック物語』（野地秩嘉　小学館　二〇一一年）
「日本人戦没オリンピアン名をめぐる混乱とその真相――ベルリンに届けられた大島鎌吉の作成名簿更新の試み」（曽根幹子、卜部匡司『広島国際研究』二二巻所収　二〇一六年）
『〈ニッポン〉のオリンピック――日本はオリンピズムとどう向き合ってきたのか』（小路田泰直、井上洋一、石坂友司編著　青弓社　二〇一八年）
『反東京オリンピック宣言』（小笠原博毅、山本敦久編著　航思社　二〇一六年）
『批判的スポーツ社会学の論理――その神話と犯罪性をつく』（影山健著・自由すぽーつ研究所編　ゆいぽおと　二〇一七年）
『福島大学陸上部の「速い走り」が身につく本――あらゆるスポーツに応用できる「川本理論」のすべて』（川本和久　マキノ出版　二〇〇八年）
『負けじ魂！――鉄棒の鬼といわれて』（小野喬　講談社　一九六五年）
『ボート百年』（宮田勝善　時事通信社　一九七六年）
『ポスト・スポーツの時代』（山本敦久　岩波書店　二〇二〇年）

『幻のオリンピック――戦争とアスリートの知られざる闘い』（NHKスペシャル取材班　小学館　二〇二〇年）
『幻の東京オリンピックとその時代――戦時期のスポーツ・都市・身体』（坂上康博、高岡裕之編著　青弓社　二〇〇九年）
『幻の東京オリンピック　1940年大会　招致から返上まで』（橋本一夫　講談社　二〇一四年）
『幻の東京五輪・万博1940』（夫馬信一　原書房　二〇一六年）
『やっぱりいらない東京オリンピック』（小笠原博毅、山本敦久　岩波ブックレット　二〇一九年）

◆大学関係
『学校法人日本体育会百年史』（一九九一年）
『東京大学漕艇部百年史　下』（東京大学淡青会事務局　一九八七年）
『東洋大学百年史　資料編Ⅱ』（一九九四年）
『百年のあゆみ』（慶應義塾體育會端艇部、一九八九年）
『明治大学体育会競走部百年史』（明治大学体育会競走部　二〇〇七年）
『立教大学バスケットボール部創部60周年記念誌』（立教大学バスケットボール部ＯＢ倶楽部60周年記念事業委員会編、一九八五年）
『早稲田大学百年史』（早稲田大学　一九七八年）
『早稲田スポーツの一世紀――早稲田大学大隅記念展示室特別展図録』（早稲田大学　一九九三年）

「青山学報」「慶應塾生新聞」「成城学園同窓会だより」「成城大学新聞」「中央学報」「中央大学学員時報」「東京外語会会報」「東京女子大『学報』」「東洋大学新聞」「日本女子大英文学会」「明治大学新聞」「三田評論」「立命館学誌」「立教大学新聞」「早稲田学報」

◆日本オリンピック委員会

『日本体育協会　日本オリンピック委員会100年史　1911～2011』（日本体育協会、二〇一二年）

『オリンピック競技大会公式報告書』（一九五二～二〇一六年の各開催年）

◆新聞、雑誌

朝日新聞、産経新聞、東京新聞、毎日新聞、読売新聞、スポーツニッポン、デイリースポーツ、日刊スポーツ、報知新聞、赤旗、聖教新聞、東京日日新聞

『朝日ジャーナル』『サンデー毎日』『週刊朝日』『週刊現代』『週刊サンケイ』『週刊時事』『週刊新潮』『週刊文春』『週刊読売』『情況』『諸君』『月刊現代』『現代の眼』『中央公論』『文藝春秋』『ジュリスト』『判例時報』『法律時報』『螢雪時代』『高3コース』『週刊女性』『女性自身』『女性セブン』『週刊プレイボーイ』『平凡パンチ』『体育日本』

2016年（リオデジャネイロ）

順位	大学名	人数
1	日本体育大	32
2	早稲田大	19
3	日本大	17
4	筑波大	10
	明治大	10
6	国士舘大	9
	山梨学院大	9
8	東洋大	8
9	順天堂大	7
	東海大	7
	法政大	7
12	中京大	6
13	至学館大	5
	中央大	5
	天理大	5
	立正大	5
	立命館大	5
18	近畿大	4
	東海学院大	4
20	慶應義塾大	3
	同志社大	3
	日本女子体育大	3
23	鹿屋体育大	2
	東京学芸大	2
	追手門学院大	2
	大阪人間科学大	2
	金沢学院大	2
	関西学院大	2
	関東学院大	2
	城西大	2
	駿河台大	2
	東京農業大	2
	東北福祉大	2
	日本経済大	2
	流通経済大	2
36	愛知教育大	1
	岩手大	1

順位	大学名	人数
36	名古屋大	1
	一橋大	1
	福島大	1
	愛知工業大	1
	青山学院大	1
	芦屋大	1
	大阪体育大	1
	金沢星稜大	1
	関西大	1
	関西外国語大	1
	環太平洋大	1
	九州国際大	1
	京都産業大	1
	甲子園大	1
	甲南大	1
	神戸松陰女子学院大	1
	城西国際大	1
	昭和女子大	1
	仙台大	1
	大東文化大	1
	拓殖大	1
	玉川大	1
	中京女子大	1
	帝京大	1
	東京富士大	1
	徳山大	1
	長崎国際大	1
	日本ウエルネススポーツ大	1
	白鴎大	1
	福井工業大	1
	福岡大	1
	平成国際大	1
	前橋国際大	1
	松山大	1
	立教大	1

2012年（ロンドン）

順位	大学名	人数
1	日本体育大	23
2	日本大	12
3	山梨学院大	10
4	明治大	9
	早稲田大	9
6	筑波大	7
	近畿大	7
	順天堂大	7
	拓殖大	7
	天理大	7
11	慶應義塾大	6
	国士舘大	6
	法政大	6
14	金沢学院大	5
	中央大	5
	東海大	5
	同志社大	5
	立命館大	5
19	鹿屋体育大	4
	中京大	4
21	東洋大	3
	日本女子体育大	3
	流通経済大	3
24	中京女子大	2
	関東学院大	2
	駿河台大	2
	東海学院大	2
	日本経済大	2
	平成国際大	2
30	愛知教育大	1
	愛媛大	1
	岡山大	1
	福島大	1
	横浜国立大	1
	都留文科大	1
	朝日大	1
	追手門学院大	1

順位	大学名	人数
30	大阪体育大	1
	神奈川大	1
	関西大	1
	九州国際大	1
	共愛学園前橋国際大	1
	甲南大	1
	神戸松蔭女子学院大	1
	駒澤大	1
	駒沢女子大	1
	至学館大	1
	専修大	1
	大東文化大	1
	玉川大	1
	帝京大	1
	東海女子大	1
	徳山大	1
	日本女子大	1
	羽衣国際大	1
	福岡大	1
	佛教大	1
	別府大	1
	武庫川女子大	1
	龍谷大	1

2008年（北京）

順位	大学名	人数
1	日本体育大	26
2	筑波大	17
3	法政大	15
4	日本大	14
	早稲田大	14
6	東海大	10
7	天理大	8
8	近畿大	7
	順天堂大	7
	同志社大	7
11	中央大	6
	中京大	6
13	福島大	5
	明治大	5
	山梨学院大	5
16	鹿屋体育大	4
	国士舘大	4
	東京女子体育大	4
19	岡山大	3
	大阪体育大	3
	関東学院大	3
	中京女子大	3
	東海学院大	3
24	東京学芸大	2
	神奈川大	2
	駒澤大	2
	帝京大	2
	日本女子体育大	2
	武庫川女子大	2
	立命館大	2
31	びわこ成蹊スポーツ大	1
	愛知教育大	1
	愛媛大	1
	愛知大	1
	青山学院大	1
	大阪商業大	1
	金沢学院大	1
31	慶應義塾大	1
	甲子園大	1
	淑徳大	1
	城西大	1
	駿河台大	1
	専修大	1
	大東文化大	1
	拓殖大	1
	多摩大	1
	玉川大	1
	東京富士大	1
	東北福祉大	1
	阪南大	1
	富士大	1
	北海商科大	1
	松山大	1
	桃山学院大	1
	横浜商科大	1
	立教大	1
	流通経済大	1

2004年（アテネ）

順位	大学名	人数
1	日本体育大	22
2	日本大	17
3	筑波大	11
4	近畿大	9
	東海大	9
6	順天堂大	8
	法政大	8
	早稲田大	8
9	天理大	7
	明治大	7
11	国士舘大	6
12	同志社大	5
13	中京大	4
	中京女子大	4
	山梨学院大	4
	立命館大	4
17	東海女子大（東海学院大）	3
	東京女子体育大	3
19	東京学芸大	2
	神奈川大	2
	関西大	2
	京都産業大	2
	中央大	2
	東北福祉大	2
	武庫川女子大	2
26	愛媛大	1
	鹿屋体育大	1
	奈良教育大	1
	愛知大	1
	愛知工業大	1
	追手門学院大	1
	大阪商業大	1
	大阪体育大	1
	九州共立大	1
	慶應義塾大	1
	甲子園大	1
26	甲南大	1
	駒澤大	1
	埼玉工業大	1
	城西大	1
	専修大	1
	仙台大	1
	拓殖大	1
	つくば国際大	1
	帝京大	1
	東京農業大	1
	東京富士大	1
	阪南大	1
	広島経済大	1
	福岡大	1
	松山大	1
	武蔵野音楽大	1
	桃山学院大	1

2000年（シドニー）

順位	大学名	人数
1	日本大	18
2	日本体育大	14
3	筑波大	13
4	中央大	11
	明治大	11
6	早稲田大	8
7	近畿大	7
	東海大	7
	東京女子体育大	7
	立命館大	7
11	法政大	6
12	順天堂大	4
13	亜細亜大	3
	国士舘大	3
	同志社大	3
	東北福祉大	3
17	青山学院大	2
	大阪商業大	2
	中京大	2
	日本女子体育大	2
	山梨学院大	2
22	愛媛大	1
	金沢大	1
	東京学芸大	1
	奈良教育大	1
	追手門学院大	1
	大阪学院大	1
	大阪経済法科大	1
	大阪工業大	1
	関西学院大	1
	京都産業大	1
	慶應義塾大	1
	甲子園大	1
	国学院大	1
	専修大	1
	仙台大	1
	中京女子大（至学館大）	1

順位	大学名	人数
22	つくば国際大	1
	天理大	1
	東洋大	1
	東和大	1
	フェリス女学院大	1
	福岡大	1
	平成国際大	1
	龍谷大	1

1996年（アトランタ）		
順位	大学名	人数
1	日本大	26
2	日本体育大	25
3	明治大	12
	早稲田大	12
5	東海大	11
6	中央大	6
7	筑波大	4
	天理大	4
	同志社大	4
	法政大	4
	立命館大	4
12	青山学院大	3
	亜細亜大	3
	大阪商業大	3
	国士舘大	3
	順天堂大	3
	東京女子体育大	3
18	近畿大	2
	慶應義塾大	2
	大東文化大	2
	中京大	2
	東洋大	2
	日本女子体育大	2
	武庫川女子大	2
	山梨学院大	2
	立教大	2
27	愛媛大	1
	大分大	1
	大阪学芸大	1
	埼玉大	1
	佐賀大	1
	新潟大	1
	大阪芸術大	1
	九州共立大	1
	九州東海大（東海大）	1
	京都産業大	1
27	四天王寺国際仏教大（四天王寺大）	1
	専修大	1
	津田塾大	1
	帝京大	1
	東京農業大	1
	東北福祉大	1
	フェリス女学院大	1
	龍谷大	1
	和光大	1

1992年（バルセロナ）		
順位	大学名	人数
1	日本大	33
2	日本体育大	25
3	法政大	17
4	明治大	10
5	筑波大	9
	早稲田大	9
7	東海大	8
8	中央大	7
9	青山学院大	6
	近畿大	6
	中京大	6
12	順天堂大	5
13	東京女子体育大	4
	同志社大	4
	専修大	3
	大正大	3
17	国士舘大	2
	東洋大	2
	山梨学院大	2
20	埼玉大	1
	鳥取大	1
	富山大	1
	愛知学院大	1
	愛知工業大	1
	亜細亜大	1
	大阪産業大	1
	大阪商業大	1
	大阪体育大	1
	九州共立大	1
	慶應義塾大	1
	甲南大	1
	甲南女子大	1
	松蔭女子学院大 （神戸松蔭女子学院大）	1
	創価大	1
	大東文化大	1
	拓殖大	1
20	玉川大	1
	津田塾大	1
	天理大	1
	東京農業大	1
	東北学院大	1
	東北福祉大	1
	日本女子体育大	1
	フェリス女学院大	1
	福岡大	1

1988年（ソウル）		
順位	大学名	人数
1	日本大	34
2	日本体育大	27
3	中央大	12
4	早稲田大	11
5	筑波大	8
	法政大	8
7	順天堂大	5
	中京大	5
	東海大	5
	東京女子体育大	5
11	関東学院大	4
	近畿大	4
	国士舘大	4
	拓殖大	4
	天理大	4
16	大阪体育大	3
	専修大	3
	同志社大	3
	明治大	3
20	青山学院大	2
	東洋大	2
22	愛知教育大	1
	大阪学芸大	1
	高知大	1
	富山大	1
	横浜国立大	1
	芦屋大	1
	大阪産業大	1
	大阪商業大	1
	関西大	1
	京都産業大	1
	甲南大	1
	大正大	1
	大東文化大	1
	中部大	1
	東北福祉大	1
	日本女子体育大	1

順位	大学名	人数
22	福岡大	1
	文教大	1
	武庫川女子大	1
	明治学院大	1
	名城大	1

1980年（モスクワ〔候補〕）		
順位	大学名	人数
1	日本大	24
2	日本体育大	19
3	中央大	12
4	中京大	7
5	国士舘大	6
6	東海大	5
	法政大	5
8	早稲田大	4
9	筑波大	3
	順天堂大	3
	福岡大	3
	明治大	3
13	大阪経済大	2
	関東学院大	2
	京都産業大	2
	専修大	2
	大東文化大	2
	天理大	2
	日本女子体育大	2
20	佐賀大	1
	亜細亜大	1
	大阪商科大	1
	大阪体育大	1
	学習院大	1
	関東学園大	1
	慶應義塾大	1
	甲南女子大	1
	国学院大	1
	成蹊大	1
	大正大	1
	東京女子体育大	1
	東京農業大	1
	明治学院大	1
	名城大	1

1984年（ロサンゼルス）		
順位	大学名	人数
1	日本体育大	39
2	日本大	20
3	中央大	15
4	筑波大	9
5	東海大	7
6	法政大	6
7	専修大	5
	中京大	5
9	京都産業大	3
	順天堂大	3
	拓殖大	3
	東京女子体育大	3
	福岡大	3
	早稲田大	3
15	大阪学芸大	2
	大阪産業大	2
	大阪体育大	2
	国学院大	2
	国士舘大	2
	大正大	2
	天理大	2
22	大阪大	1
	山口大	1
	芦屋大	1
	大阪商業大	1
	学習院大	1
	京都外国語大	1
	近畿大	1
	慶應義塾大	1
	甲南大	1
	東京農業大	1
	同志社大	1
	東北学院大	1
	東洋大	1
	明治学院大	1
	名城大	1

1972年（ミュンヘン）		
順位	大学名	人数
1	日本大	27
2	日本体育大	22
3	中央大	17
4	法政大	7
5	中京大	5
	明治大	5
7	東京教育大	4
	大正大	4
	同志社大	4
	立教大	4
	早稲田大	4
12	国士舘大	3
	芝浦工業大	3
	順天堂大	3
15	広島商科大 （広島修道大）	2
	大阪商業大	2
	近畿大	2
	慶應義塾大	2
	専修大	2
	天理大	2
	東洋大	2
22	東京農工大	1
	愛知学院大	1
	大阪工業大	1
	大阪体育大	1
	京都産業大	1
	大東文化大	1
	拓殖大	1
	帝塚山大	1
	日本女子体育大	1
	名城大	1

1976年（モントリオール）		
順位	大学名	人数
1	日本体育大	25
2	日本大	19
3	中央大	13
4	国士舘大	6
	同志社大	6
	明治大	6
	早稲田大	6
8	法政大	5
	専修大	4
	中京大	4
11	関東学院大	3
	大東文化大	3
	拓殖大	3
14	東京教育大	2
	愛知学院大	2
	大阪商業大	2
	慶應義塾大	2
	順天堂大	2
	大正大	2
	天理大	2
	東洋大	2
	広島修道大	2
	立教大	2
24	東京都立大	1
	麻布獣医科大（麻布大）	1
	鹿児島大	1
	東京大	1
	東京医科歯科大	1
	大阪経済大	1
	大阪産業大	1
	大阪体育大	1
	学習院大	1
	九州産業大	1
	甲南大	1
	東京経済大	1
	日本女子体育大	1
	名城大	1

1964年（東京）		
順位	大学名	人数
1	日本大	43
	早稲田大	43
3	中央大	38
4	明治大	37
5	法政大	16
6	慶應義塾大	15
7	日本体育大	13
8	東京教育大	10
	立教大	10
10	関西学院大	8
11	中京大	5
	同志社大	5
13	専修大	4
14	東京大	2
	東京医科歯科大	2
	成蹊大	2
	成城大	2
	福岡大	2
19	大阪学芸大（大阪教育大）	1
	金沢大	1
	一橋大	1
	北海道大	1
	関西大	1
	近畿大	1
	順天堂大	1
	大正大	1
	大東文化大	1
	拓殖大	1
	東洋大	1
	別府大	1
	明治学院大	1

1968年（メキシコシティー）		
順位	大学名	人数
1	日本大	22
2	中央大	20
3	早稲田大	17
4	明治大	15
5	日本体育大	13
6	法政大	11
7	同志社大	10
8	東京教育大	5
9	順天堂大	4
10	天理大	3
	立教大	3
12	関西大	2
	近畿大	2
14	京都大	1
	北海道大	1
	愛知工業大	1
	慶應義塾大	1
	成城大	1
	専修大	1
	大正大	1
	拓殖大	1
	中京大	1
	東京女子体育大	1
	東洋大	1
	日本女子体育大	1
	福岡大	1

1952年（ヘルシンキ）		
順位	大学名	人数
1	日本大	11
2	慶應義塾大	8
	早稲田大	8
4	中央大	6
5	東京教育大（筑波大）	5
6	明治大	4
7	関西学院大	2
	日本体育大	2
9	京都大	1
	専修大	1
	同志社大	1
	法政大	1
	専修大	1
	同志社大	1
	法政大	1

1956年（メルボルン）		
順位	大学名	人数
1	慶應義塾大	16
2	中央大	14
	早稲田大	14
4	明治大	11
5	日本大	10
	立教大	10
7	東京教育大	7
8	関西学院大	5
9	日本体育大	4
10	関西大	2
	天理大	2
	法政大	2
13	京都大	1
	専修大	1

1960年（ローマ）		
順位	大学名	人数
1	中央大	24
2	日本大	18
3	明治大	15
4	早稲田大	14
5	慶應義塾大	10
	法政大	10
7	東京教育大	9
	東北大	9
9	東京大	8
10	日本体育大	7
11	立教大	6
12	天理大	5
13	関西大	3
14	関西学院大	2
	中京大	2
16	京都大	1
	東京大	1
	成蹊大	1
	専修大	1
	拓殖大	1
	東京農業大	1
	同志社大	1
	福岡大	1

1932年（ロサンゼルス大会）		
順位	大学名	人数
1	早稲田大	36
2	明治大	20
3	慶應義塾大	18
4	東京高等師範学校	4
	日本大	4
6	日本女子体育専門学校（日本女子体育大）	3
7	東京商科大（一橋大）	2
	東京文理科大（筑波大）	2
	関西大	2
	日本体育会体操学校（日本体育大）	2
11	京都帝国大	1
	名古屋高等商業学校（名古屋大）	1
	専修大	1
	同志社大	1
	法政大	1
	明治薬学専門学校（明治薬科大）	1
	立教大	1

1936年（ベルリン大会）		
順位	大学名	人数
1	早稲田大	49
2	東京帝国大	17
	慶應義塾大	17
4	明治大	11
5	立教大	8
6	東京商科大	7
7	東京高等師範学校	6
8	関西大	5
9	京都帝国大	4
	中央大	4
	日本大	4
	日本体育会体操学校	4
13	日本女子体育専門学校	3
14	九州帝国大	2
	専修大	2
16	同志社大	1
	法政大	1
	立命館大	1

資料　夏季オリンピック大会日本代表の出身・在学合計者数ランキング（1912〜2016年）

1912年（ストックホルム大会）

順位	大学名	人数
1	東京高等師範学校（筑波大）	1
	東京大	1

1920年（アントワープ大会）

順位	大学名	人数
1	東京高等師範学校	5
2	慶應義塾大	2
3	東京帝国大（東京大）	1
	東京高等商業学校（一橋大）	1
	北海道帝国大（北海道大）	1
	明治大	1
	日本歯科医学専門学校（日本歯科大）	1
	早稲田大	1

1924年（パリ大会）

順位	大学名	人数
1	東京高等師範学校	4
2	慶應義塾大	2
	明治大	2
	早稲田大	2
5	関西学院大	1
	鹿児島高等農林学校（鹿児島大）	1
	中央大	1
	東京帝国大	1
	立教大	1

1928年（アムステルダム大会）

順位	大学名	人数
1	早稲田大	16
2	明治大	7
3	慶應義塾大	3
4	東京帝国大	2
	東京高等師範学校	2
6	京都帝国大（京都大）	1
	東京高等工業学校（東京工業大）	1
	三重高等農林学校（三重大）	1
	日本大	1

〈ランキング作成にあたって〉

日本オリンピック委員会（JOC）の各大会報告書、大学の資料をもとに作成した。戦前は原則として高等教育（大学、専門学校）、戦後は大学を対象とした。学部、大学院、通信課程に所属していた者で中退者を含む。短期大学、外国の大学の代表、公開競技出場者は含まない。JOCと大学の集計で違いがある場合、大学公表のデータを採用した。大学が公表していない場合はJOCの資料から掲載した。（　）内は、現在、引き継がれた、あるいは名称を変更した大学（初出のみ表記）

ラクレとは…la clef=フランス語で「鍵」の意味です。
情報が氾濫するいま、時代を読み解き指針を示す
「知識の鍵」を提供します。

中公新書ラクレ
704

大《だい》学《がく》とオリンピック　1912-2020
歴《れき》代《だい》代表《だいひょう》の出身《しゅっしん》大学《だいがく》ランキング

2020年10月10日発行

著者……小林《こばやし》 哲夫《てつお》

発行者……松田陽三
発行所……中央公論新社
〒100-8152 東京都千代田区大手町 1-7-1
電話……販売 03-5299-1730　編集 03-5299-1870
URL http://www.chuko.co.jp/

本文印刷……三晃印刷
カバー印刷……大熊整美堂
製本……小泉製本

Published by CHUOKORON-SHINSHA, INC.
Printed in Japan　ISBN978-4-12-150704-4　C1237

中公新書ラクレ　好評既刊

L664
「地方国立大学」の時代
――2020年に何が起こるのか

木村　誠　著

平成に大きく変わった国立大学。国による改革、さらに加速化し始めた少子化や地方の過疎化に加えて2020年に行われる入試改革を通じ、さらなる激変が予想される。そこで本書では、その前半で国立大を取り巻く事情の整理を、後半で復活の成功例として広島大学を中心に据え、正しい大学改革の姿に迫ると共に、この先、大学が生き残るための方策を探っていく。地方消滅の危機を目前とする今、地方国立大学による大逆転劇が始まる！

L690
街場の親子論
――父と娘の困難なものがたり

内田　樹＋内田るん　著

わが子への怯え、親への嫌悪。誰もが感じたことのある「親子の困難」に対し、名文家・内田樹さんが原因を解きほぐし、解決のヒントを提示します。それにしても、親子はむずかしい。その謎に答えるため、1年かけて内田親子は往復書簡を交わします。微妙に嚙み合っていないが、ところどころで弾ける父娘が往復書簡をとおして、見つけた「もの」とは？　笑みがこぼれ、胸にしみるファミリーヒストリー。

L697
世紀の落球
――「戦犯」と呼ばれた男たちのその後

澤宮　優　著

北京五輪の野球日本代表となったG.G.佐藤。今も語り継がれる高校野球星稜・箕島戦の星稜一塁手加藤直樹。最終戦で敗れ、巨人のV9を阻止できなかった阪神の池田純一中堅手。彼らは、大事な試合で大きなミスを犯したとして、ファンやマスコミから非難を浴び、人生が暗転した。理不尽なバッシングとどう戦い、そして立ち直ったのか。「落球」の烙印を背負った男たちの「その後」を辿るスポーツノンフィクション。